Tabellenwerk der Restwertverteilungsfaktoren bei stetiger Verzinsung

Worms 2021

Lars Jäger

Tabellenwerk der Restwertverteilungsfaktoren bei stetiger Verzinsung

Hilfen für die Investitionsrechnung

Worms 2021

Impressum

Bibliografische Information der Deutschen Nationalbibliothek:
Die Deutsche Nationalbibliothek verzeichnet diese Publikation in der Deutschen
Nationalbibliografie; detaillierte bibliografische Daten sind im Internet über
http://dnb.dnb.de abrufbar.

© 2021 Prof. Dr. Lars Jäger

Herstellung und Verlag: BoD – Books on Demand, Norderstedt

ISBN: 9783753436173

VORWORT

Im Rahmen der Investitionsrechnung werden für Zahlungsreihen und einzelne Cashflows neben Barwerten auch Annuitäten bestimmt. Dabei werden beispielsweise Barwerte über einen bestimmten Zeitraum gleichmäßig verteilt, unter Beachtung des Zinses. Eine andere ebenso verwendete Form ist die annuitätische Verteilung von Restwerten (oder anderen in der Zukunft liegenden Werten) auf die vorherigen Jahre. Auch kommen entsprechende Berechnungen zum Einsatz, um Ansparbeträge für Restzahlungen bei Investitionen oder Leasing zu ermitteln.

Leider beherrschen viele Softwarelösungen diese Möglichkeit nicht direkt, so dass regelmäßig „Umwege" beschritten werden müssen, die durchaus etwas Zeit beanspruchen. Die Suche nach Möglichkeiten zur schnellen und vor allem direkten Berechnung führte letztendlich zu den Tabellen der Restwertverteilungsfaktoren. Die Restwertverteilungsfaktoren können mit dem Restwert oder einer beliebigen zu verteilenden Zahlung in der Zukunft multipliziert werden und führen direkt zu gleichbleibenden Zahlungen (Annuität), in den davor liegenden Jahren. Die Verzinsung der Zahlungen ist dabei ein wichtiger Faktor. Eine besondere Form stellt die stetige Verzinsung dar. Hierbei wird eine permanente, kontinuierliche Verzinsung der Cashflows angenommen. Die im vorliegenden Tabellenwerk angegebene Restwertverteilungsfaktoren dienen ausschließlich zur Ermittlung annuitätischer Zahlungsreihen unter der Voraussetzung einer stetigen Verzinsung.

Da bestehende Faktor-Tabellen regelmäßig recht grobe Zinssprünge (von in der Regel 1 Prozent) enthalten, was die professionelle Anwendbarkeit deutlich einschränkt, geht dieses Tabellenwerk einen anderen Weg. Die Abstände in den Zinsvariationen sind bewusst klein gewählt, damit die Anwendbarkeit nicht nur im Studium, sondern auch für die Praxis gegeben ist.

Die Praxis war auch ein Ideengeber, für eine weitere Besonderheit dieses Tabellenwerks. Seit der Finanzkrise haben sich an den Finanzmärkten teils Situationen herausgebildet, in denen für bestimmte Laufzeiten sogar negative Zinsen an der Tagesordnung waren beziehungsweise sind. Sucht man nach Tabellen, zur Berechnung der Annuitätenwerte bei negativem Zins, so wird man feststellen, dass es derartige Tabellen nicht gibt. Diese Lücke wird mit dem vorliegenden Tabellenwerk geschlossen.

Worms, April 2021   Prof. Dr. Lars Jäger

Der Restwertverteilungsfaktor stetiger Verzinsung und seine Anwendung

Die Restwertverteilungsfaktoren stetiger Verzinsung in den nachfolgenden Tabellen sind berechnet für einmalige Zahlungen und deren stetige Verzinsung (Abzinsung) über eine bestimmte Laufzeit (n) in Jahren, bei einem nominalen Zins (i). In der nachfolgenden Formel steht e für die Eulersche Zahl.

Restwertverteilungsfaktorfaktor bei stetiger Verzinsung Formel:

$$\textbf{Restwertverteilungsfaktor} = \frac{e^i - 1}{e^{i*n} - 1}$$

Ablesen der Faktorwerte aus der Tabelle:

Möchte man einen Restwertverteilungsfaktor bei stetiger Verzinsung aus den Tabellen ablesen, so muss man lediglich den nominalen Zinssatz (Spalte) und den Zeitpunkt (Zeile) wählen, ab dem die zu bewertende Zahlung abgezinst und verteilt wird.

Zins	2,00	2,05
Jahre		
1	1,00000000	1,00000000
2	0,49500017	0,49487518
3	0,32668933	0,32652382
4	0,24255074	0,24236583
5	0,19208105	0,19188518
6	0,15844580	0,15824319
7	0,13443022	0,13422329
8	0,11642694	0,11621720
9	0,10243185	0,10222030
10	0,09124249	0,09102983
11	0,08209366	0,08188040
12	0,07447522	0,07426174

Berechnung mit dem Restwertverteilungsfaktor stetiger Verzinsung

Als Beispiel sei eine Zahlung von 10.000 Euro, in 10 Jahren, bei einem nominalen Zins von 2 Prozent gegeben. Für diese Zahlung soll eine jährliche Annuität bestimmt werden, bei stetiger Verzinsung.

Die Zahlung von 10.000 Euro wird mit dem aus der Tabelle entnommenen Restwertverteilungsfaktor stetiger Verzinsung von 0,09124249 multipliziert. Die jährliche Annuität, bei unterstellter stetiger Verzinsung mit 2 Prozent nominal, beträgt demnach 912,42 Euro. Gebühren, Steuern und ähnliche Friktionen werden nicht berücksichtigt.

Restwertverteilungsfaktoren für

negative stetige Zinssätze

Zins	-1,50	-1,45	-1,40	-1,35	-1,30
Jahre					
1	1,00000000	1,00000000	1,00000000	1,00000000	1,00000000
2	0,50374993	0,50362494	0,50349994	0,50337495	0,50324995
3	0,33834565	0,33817818	0,33801074	0,33784332	0,33767593
4	0,25565281	0,25546349	0,25527424	0,25508505	0,25489592
5	0,20604454	0,20584164	0,20563883	0,20543612	0,20523350
6	0,17297857	0,17276620	0,17255396	0,17234186	0,17212989
7	0,14936533	0,14914585	0,14892654	0,14870741	0,14848845
8	0,13166005	0,13143493	0,13121003	0,13098534	0,13076086
9	0,11789340	0,11766363	0,11743412	0,11720485	0,11697584
10	0,10688380	0,10665007	0,10641663	0,10618348	0,10595062
11	0,09787932	0,09764212	0,09740526	0,09716873	0,09693253
12	0,09037868	0,09013839	0,08989848	0,08965894	0,08941978
13	0,08403484	0,08379175	0,08354908	0,08330683	0,08306498
14	0,07859991	0,07835425	0,07810905	0,07786430	0,07762001
15	0,07389210	0,07364406	0,07339651	0,07314945	0,07290289
16	0,06977509	0,06952481	0,06927506	0,06902584	0,06877715
17	0,06614461	0,06589221	0,06564038	0,06538912	0,06513843
18	0,06291957	0,06266515	0,06241135	0,06215815	0,06190557
19	0,06003595	0,05977960	0,05952391	0,05926886	0,05901447
20	0,05744254	0,05718434	0,05692682	0,05667000	0,05641387
21	0,05509788	0,05483788	0,05457861	0,05432007	0,05406226
22	0,05296805	0,05270631	0,05244534	0,05218514	0,05192571
23	0,05102501	0,05076158	0,05049896	0,05023715	0,04997615
24	0,04924543	0,04898035	0,04871612	0,04845274	0,04819020
25	0,04760969	0,04734300	0,04707719	0,04681227	0,04654825
26	0,04610118	0,04583291	0,04556557	0,04529915	0,04503366
27	0,04470578	0,04443596	0,04416710	0,04389921	0,04363228
28	0,04341135	0,04314001	0,04286966	0,04260033	0,04233200
29	0,04220745	0,04193461	0,04166281	0,04139205	0,04112234
30	0,04108504	0,04081072	0,04053747	0,04026532	0,03999424
31	0,04003621	0,03976043	0,03948577	0,03921223	0,03893981
32	0,03905407	0,03877685	0,03850079	0,03822589	0,03795215
33	0,03813256	0,03785392	0,03757647	0,03730022	0,03702518
34	0,03726632	0,03698628	0,03670746	0,03642988	0,03615354
35	0,03645062	0,03616918	0,03588901	0,03561011	0,03533249
36	0,03568124	0,03539842	0,03511691	0,03483671	0,03455782
37	0,03495443	0,03467024	0,03438740	0,03410591	0,03382577
38	0,03426682	0,03398128	0,03369712	0,03341434	0,03313296
39	0,03361539	0,03332851	0,03304304	0,03275900	0,03247638
40	0,03299744	0,03270922	0,03242246	0,03213715	0,03185332

Zins	-1,25	-1,20	-1,15	-1,10	-1,05
Jahre					
1	1,00000000	1,00000000	1,00000000	1,00000000	1,00000000
2	0,50312496	0,50299996	0,50287497	0,50274997	0,50262498
3	0,33750857	0,33734124	0,33717393	0,33700665	0,33683939
4	0,25470685	0,25451784	0,25432889	0,25414000	0,25395117
5	0,20503099	0,20482857	0,20462625	0,20442402	0,20422189
6	0,17191806	0,17170636	0,17149480	0,17128338	0,17107209
7	0,14826966	0,14805105	0,14783261	0,14761435	0,14739626
8	0,13053660	0,13031255	0,13008871	0,12986509	0,12964168
9	0,11674708	0,11651858	0,11629033	0,11606233	0,11583459
10	0,10571806	0,10548579	0,10525381	0,10502213	0,10479074
11	0,09669666	0,09646113	0,09622593	0,09599106	0,09575653
12	0,08918098	0,08894256	0,08870451	0,08846684	0,08822954
13	0,08282355	0,08258253	0,08234192	0,08210173	0,08186195
14	0,07737616	0,07713277	0,07688983	0,07664735	0,07640532
15	0,07265681	0,07241123	0,07216615	0,07192155	0,07167746
16	0,06852900	0,06828137	0,06803429	0,06778773	0,06754172
17	0,06488832	0,06463878	0,06438981	0,06414142	0,06389361
18	0,06165360	0,06140224	0,06115149	0,06090137	0,06065185
19	0,05876072	0,05850763	0,05825520	0,05800342	0,05775230
20	0,05615842	0,05590368	0,05564962	0,05539627	0,05514360
21	0,05380519	0,05354885	0,05329324	0,05303836	0,05278423
22	0,05166705	0,05140917	0,05115206	0,05089572	0,05064016
23	0,04971596	0,04945658	0,04919801	0,04894027	0,04868333
24	0,04792852	0,04766769	0,04740771	0,04714859	0,04689033
25	0,04628511	0,04602286	0,04576151	0,04550105	0,04524149
26	0,04476910	0,04450547	0,04424277	0,04398101	0,04372018
27	0,04336633	0,04310135	0,04283734	0,04257430	0,04231224
28	0,04206467	0,04179836	0,04153306	0,04126878	0,04100551
29	0,04085367	0,04058605	0,04031949	0,04005398	0,03978952
30	0,03972425	0,03945535	0,03918754	0,03892083	0,03865521
31	0,03866852	0,03839836	0,03812933	0,03786142	0,03759466
32	0,03767957	0,03740816	0,03713792	0,03686885	0,03660096
33	0,03675133	0,03647869	0,03620726	0,03593704	0,03566803
34	0,03587844	0,03560458	0,03533197	0,03506061	0,03479051
35	0,03505615	0,03478109	0,03450732	0,03423484	0,03396365
36	0,03428026	0,03400401	0,03372909	0,03345549	0,03318323
37	0,03354698	0,03326956	0,03299350	0,03271880	0,03244548
38	0,03285297	0,03257438	0,03229719	0,03202140	0,03174703
39	0,03219520	0,03191545	0,03163714	0,03136028	0,03108486
40	0,03157095	0,03129005	0,03101063	0,03073270	0,03045625

Zins	-1,00	-0,95	-0,90	-0,85	-0,80
Jahre					
1	1,00000000	1,00000000	1,00000000	1,00000000	1,00000000
2	0,50249998	0,50237498	0,50224998	0,50212499	0,50199999
3	0,33667217	0,33650497	0,33633779	0,33617065	0,33600353
4	0,25376241	0,25357370	0,25338506	0,25319647	0,25300795
5	0,20401987	0,20381793	0,20361610	0,20341437	0,20321273
6	0,17086094	0,17064992	0,17043904	0,17022829	0,17001769
7	0,14717835	0,14696062	0,14674306	0,14652567	0,14630846
8	0,12941849	0,12919551	0,12897275	0,12875020	0,12852787
9	0,11560710	0,11537987	0,11515289	0,11492617	0,11469970
10	0,10455965	0,10432885	0,10409835	0,10386814	0,10363822
11	0,09552233	0,09528847	0,09505494	0,09482175	0,09458889
12	0,08799261	0,08775606	0,08751989	0,08728409	0,08704866
13	0,08162259	0,08138364	0,08114511	0,08090699	0,08066929
14	0,07616375	0,07592263	0,07568197	0,07544176	0,07520201
15	0,07143386	0,07119075	0,07094814	0,07070603	0,07046441
16	0,06729623	0,06705129	0,06680688	0,06656301	0,06631968
17	0,06364637	0,06339970	0,06315362	0,06290811	0,06266318
18	0,06040296	0,06015468	0,05990702	0,05965997	0,05941355
19	0,05750183	0,05725202	0,05700287	0,05675438	0,05650655
20	0,05489164	0,05464037	0,05438981	0,05413994	0,05389077
21	0,05253083	0,05227817	0,05202624	0,05177506	0,05152462
22	0,05038538	0,05013138	0,04987816	0,04962572	0,04937406
23	0,04842722	0,04817192	0,04791745	0,04766379	0,04741096
24	0,04663292	0,04637637	0,04612069	0,04586586	0,04561190
25	0,04498283	0,04472506	0,04446820	0,04421224	0,04395718
26	0,04346030	0,04320135	0,04294334	0,04268628	0,04243016
27	0,04205116	0,04179106	0,04153193	0,04127379	0,04101664
28	0,04074326	0,04048203	0,04022182	0,03996263	0,03970446
29	0,03952613	0,03926379	0,03900251	0,03874230	0,03848315
30	0,03839069	0,03812726	0,03786494	0,03760372	0,03734361
31	0,03732903	0,03706454	0,03680119	0,03653898	0,03627792
32	0,03633424	0,03606870	0,03580434	0,03554117	0,03527918
33	0,03540024	0,03513366	0,03486831	0,03460418	0,03434128
34	0,03452166	0,03425407	0,03398773	0,03372266	0,03345886
35	0,03369375	0,03342515	0,03315785	0,03289186	0,03262717
36	0,03291230	0,03264270	0,03237445	0,03210754	0,03184198
37	0,03217352	0,03190295	0,03163375	0,03136594	0,03109951
38	0,03147406	0,03120252	0,03093239	0,03066368	0,03039640
39	0,03081089	0,03053838	0,03026733	0,02999774	0,02972961
40	0,03018129	0,02990782	0,02963586	0,02936539	0,02909643

Zins	-0,75	-0,70	-0,65	-0,60	-0,55
Jahre					
1	1,00000000	1,00000000	1,00000000	1,00000000	1,00000000
2	0,50187499	0,50174999	0,50162499	0,50150000	0,50137500
3	0,33583643	0,33566937	0,33550233	0,33533532	0,33516834
4	0,25281949	0,25263109	0,25244276	0,25225448	0,25206627
5	0,20301119	0,20280975	0,20260841	0,20240717	0,20220603
6	0,16980722	0,16959688	0,16938669	0,16917663	0,16896671
7	0,14609143	0,14587457	0,14565789	0,14544138	0,14522505
8	0,12830575	0,12808385	0,12786216	0,12764069	0,12741944
9	0,11447348	0,11424753	0,11402182	0,11379638	0,11357119
10	0,10340860	0,10317928	0,10295026	0,10272153	0,10249309
11	0,09435637	0,09412418	0,09389234	0,09366083	0,09342965
12	0,08681362	0,08657895	0,08634465	0,08611074	0,08587720
13	0,08043201	0,08019514	0,07995870	0,07972267	0,07948706
14	0,07496272	0,07472389	0,07448552	0,07424760	0,07401015
15	0,07022330	0,06998268	0,06974256	0,06950294	0,06926382
16	0,06607688	0,06583463	0,06559292	0,06535174	0,06511111
17	0,06241883	0,06217506	0,06193187	0,06168927	0,06144724
18	0,05916775	0,05892257	0,05867801	0,05843407	0,05819075
19	0,05625937	0,05601287	0,05576702	0,05552183	0,05527731
20	0,05364230	0,05339454	0,05314748	0,05290112	0,05265547
21	0,05127492	0,05102597	0,05077776	0,05053029	0,05028357
22	0,04912318	0,04887309	0,04862378	0,04837526	0,04812752
23	0,04715895	0,04690777	0,04665741	0,04640788	0,04615917
24	0,04535880	0,04510656	0,04485520	0,04460469	0,04435506
25	0,04370303	0,04344978	0,04319744	0,04294601	0,04269548
26	0,04217498	0,04192075	0,04166747	0,04141514	0,04116375
27	0,04076047	0,04050529	0,04025109	0,03999789	0,03974567
28	0,03944733	0,03919122	0,03893614	0,03868208	0,03842906
29	0,03822507	0,03796805	0,03771211	0,03745723	0,03720343
30	0,03708460	0,03682670	0,03656991	0,03631423	0,03605967
31	0,03601801	0,03575925	0,03550163	0,03524517	0,03498986
32	0,03501837	0,03475876	0,03450034	0,03424311	0,03398707
33	0,03407960	0,03381916	0,03355994	0,03330196	0,03304521
34	0,03319633	0,03293506	0,03267507	0,03241635	0,03215891
35	0,03236379	0,03210172	0,03184096	0,03158151	0,03132339
36	0,03157776	0,03131489	0,03105338	0,03079322	0,03053442
37	0,03083447	0,03057082	0,03030856	0,03004770	0,02978824
38	0,03013054	0,02986612	0,02960313	0,02934158	0,02908146
39	0,02946295	0,02919777	0,02893405	0,02867182	0,02841106
40	0,02882898	0,02856303	0,02829860	0,02803569	0,02777430

Zins	-0,50	-0,45	-0,40	-0,35	-0,30
Jahre					
1	1,00000000	1,00000000	1,00000000	1,00000000	1,00000000
2	0,50125000	0,50112500	0,50100000	0,50087500	0,50075000
3	0,33500138	0,33483445	0,33466755	0,33450068	0,33433383
4	0,25187811	0,25169002	0,25150199	0,25131403	0,25112612
5	0,20200498	0,20180404	0,20160319	0,20140244	0,20120180
6	0,16875692	0,16854728	0,16833777	0,16812840	0,16791916
7	0,14500890	0,14479293	0,14457713	0,14436151	0,14414607
8	0,12719841	0,12697759	0,12675698	0,12653660	0,12631643
9	0,11334626	0,11312158	0,11289717	0,11267301	0,11244910
10	0,10226496	0,10203712	0,10180958	0,10158234	0,10135539
11	0,09319882	0,09296832	0,09273816	0,09250834	0,09227885
12	0,08564404	0,08541126	0,08517886	0,08494684	0,08471520
13	0,07925186	0,07901709	0,07878274	0,07854881	0,07831529
14	0,07377315	0,07353661	0,07330054	0,07306492	0,07282977
15	0,06902521	0,06878709	0,06854948	0,06831236	0,06807575
16	0,06487102	0,06463147	0,06439246	0,06415400	0,06391608
17	0,06120580	0,06096494	0,06072466	0,06048497	0,06024586
18	0,05794806	0,05770599	0,05746455	0,05722373	0,05698354
19	0,05503346	0,05479027	0,05454774	0,05430588	0,05406469
20	0,05241052	0,05216628	0,05192275	0,05167992	0,05143780
21	0,05003759	0,04979236	0,04954788	0,04930415	0,04906117
22	0,04788057	0,04763441	0,04738903	0,04714445	0,04690066
23	0,04591129	0,04566424	0,04541803	0,04517264	0,04492808
24	0,04410630	0,04385840	0,04361138	0,04336523	0,04311995
25	0,04244587	0,04219716	0,04194937	0,04170250	0,04145653
26	0,04091332	0,04066384	0,04041531	0,04016774	0,03992112
27	0,03949445	0,03924422	0,03899499	0,03874675	0,03849951
28	0,03817708	0,03792613	0,03767621	0,03742733	0,03717949
29	0,03695070	0,03669905	0,03644847	0,03619897	0,03595055
30	0,03580622	0,03555389	0,03530267	0,03505257	0,03480360
31	0,03473571	0,03448272	0,03423088	0,03398020	0,03373069
32	0,03373224	0,03347860	0,03322616	0,03297492	0,03272488
33	0,03278971	0,03253544	0,03228241	0,03203062	0,03178008
34	0,03190274	0,03164786	0,03139425	0,03114193	0,03089090
35	0,03106658	0,03081109	0,03055693	0,03030409	0,03005257
36	0,03027698	0,03002090	0,02976619	0,02951284	0,02926086
37	0,02953018	0,02927352	0,02901827	0,02876442	0,02851198
38	0,02882279	0,02856556	0,02830978	0,02805544	0,02780256
39	0,02815179	0,02789400	0,02763769	0,02738288	0,02712955
40	0,02751443	0,02725609	0,02699928	0,02674399	0,02649024

Zins	-0,25	-0,20	-0,15	-0,10	-0,05
Jahre					
1	1,00000000	1,00000000	1,00000000	1,00000000	1,00000000
2	0,50062500	0,50050000	0,50037500	0,50025000	0,50012500
3	0,33416701	0,33400022	0,33383346	0,33366672	0,33350001
4	0,25093828	0,25075050	0,25056278	0,25037512	0,25018753
5	0,20100125	0,20080080	0,20060045	0,20040020	0,20020005
6	0,16771007	0,16750111	0,16729229	0,16708361	0,16687507
7	0,14393080	0,14371571	0,14350080	0,14328607	0,14307152
8	0,12609648	0,12587675	0,12565723	0,12543794	0,12521886
9	0,11222546	0,11200207	0,11177894	0,11155607	0,11133346
10	0,10112874	0,10090240	0,10067635	0,10045060	0,10022515
11	0,09204971	0,09182091	0,09159244	0,09136432	0,09113653
12	0,08448393	0,08425305	0,08402255	0,08379243	0,08356269
13	0,07808220	0,07784953	0,07761729	0,07738546	0,07715406
14	0,07259508	0,07236085	0,07212709	0,07189379	0,07166095
15	0,06783964	0,06760404	0,06736894	0,06713434	0,06690025
16	0,06367870	0,06344187	0,06320558	0,06296984	0,06273465
17	0,06000734	0,05976941	0,05953206	0,05929529	0,05905912
18	0,05674397	0,05650503	0,05626672	0,05602904	0,05579198
19	0,05382417	0,05358431	0,05334512	0,05310660	0,05286876
20	0,05119639	0,05095569	0,05071570	0,05047642	0,05023786
21	0,04881894	0,04857745	0,04833672	0,04809675	0,04785752
22	0,04665766	0,04641545	0,04617403	0,04593341	0,04569358
23	0,04468436	0,04444147	0,04419942	0,04395819	0,04371781
24	0,04287555	0,04263202	0,04238937	0,04214759	0,04190669
25	0,04121148	0,04096735	0,04072414	0,04048184	0,04024046
26	0,03967546	0,03943076	0,03918702	0,03894423	0,03870240
27	0,03825326	0,03800802	0,03776377	0,03752052	0,03727828
28	0,03693268	0,03668692	0,03644220	0,03619852	0,03595588
29	0,03570321	0,03545696	0,03521178	0,03496769	0,03472468
30	0,03455574	0,03430901	0,03406340	0,03381892	0,03357556
31	0,03348234	0,03323515	0,03298913	0,03274427	0,03250058
32	0,03247605	0,03222843	0,03198201	0,03173680	0,03149279
33	0,03153079	0,03128274	0,03103593	0,03079038	0,03054608
34	0,03064115	0,03039269	0,03014552	0,02989965	0,02965506
35	0,02980239	0,02955353	0,02930601	0,02905981	0,02881495
36	0,02901025	0,02876101	0,02851314	0,02826664	0,02802152
37	0,02826095	0,02801134	0,02776314	0,02751635	0,02727098
38	0,02755112	0,02730114	0,02705262	0,02680555	0,02655994
39	0,02687772	0,02662739	0,02637855	0,02613121	0,02588537
40	0,02623802	0,02598734	0,02573819	0,02549059	0,02524452

Restwertverteilungsfaktoren für

positive stetige Zinssätze

Zins	0,00	0,05	0,10	0,15	0,20
Jahre					
1	1,00000000	1,00000000	1,00000000	1,00000000	1,00000000
2	0,50000000	0,49987500	0,49975000	0,49962500	0,49950000
3	0,33333333	0,33316668	0,33300006	0,33283346	0,33266689
4	0,25000000	0,24981253	0,24962513	0,24943778	0,24925050
5	0,20000000	0,19980005	0,19960020	0,19940045	0,19920080
6	0,16666667	0,16645840	0,16625028	0,16604229	0,16583445
7	0,14285714	0,14264295	0,14242893	0,14221509	0,14200143
8	0,12500000	0,12478136	0,12456294	0,12434474	0,12412675
9	0,11111111	0,11088902	0,11066719	0,11044561	0,11022430
10	0,10000000	0,09977515	0,09955060	0,09932635	0,09910240
11	0,09090909	0,09068199	0,09045523	0,09022881	0,09000273
12	0,08333333	0,08310436	0,08287576	0,08264755	0,08241973
13	0,07692308	0,07669252	0,07646239	0,07623267	0,07600339
14	0,07142857	0,07119666	0,07096521	0,07073423	0,07050372
15	0,06666667	0,06643359	0,06620101	0,06596894	0,06573738
16	0,06250000	0,06226590	0,06203234	0,06179934	0,06156688
17	0,05882353	0,05858853	0,05835412	0,05812030	0,05788706
18	0,05555556	0,05531976	0,05508459	0,05485006	0,05461615
19	0,05263158	0,05239507	0,05215924	0,05192407	0,05168958
20	0,05000000	0,04976286	0,04952643	0,04929071	0,04905571
21	0,04761905	0,04738133	0,04714437	0,04690816	0,04667270
22	0,04545455	0,04521631	0,04497886	0,04474222	0,04450637
23	0,04347826	0,04323955	0,04300167	0,04276464	0,04252844
24	0,04166667	0,04142752	0,04118926	0,04095187	0,04071537
25	0,04000000	0,03976046	0,03952184	0,03928414	0,03904737
26	0,03846154	0,03822163	0,03798269	0,03774471	0,03750770
27	0,03703704	0,03679680	0,03655756	0,03631933	0,03608211
28	0,03571429	0,03547374	0,03523423	0,03499578	0,03475837
29	0,03448276	0,03424192	0,03400217	0,03376351	0,03352594
30	0,03333333	0,03309223	0,03285226	0,03261341	0,03237570
31	0,03225806	0,03201671	0,03177653	0,03153752	0,03129969
32	0,03125000	0,03100842	0,03076805	0,03052889	0,03029095
33	0,03030303	0,03006123	0,02982069	0,02958140	0,02934336
34	0,02941176	0,02916976	0,02892906	0,02868965	0,02845154
35	0,02857143	0,02832924	0,02808839	0,02784887	0,02761070
36	0,02777778	0,02753541	0,02729442	0,02705481	0,02681658
37	0,02702703	0,02678449	0,02654338	0,02630369	0,02606542
38	0,02631579	0,02607310	0,02583187	0,02559210	0,02535380
39	0,02564103	0,02539819	0,02515685	0,02491702	0,02467869
40	0,02500000	0,02475702	0,02451559	0,02427570	0,02403736

Zins	0,25	0,30	0,35	0,40	0,45
Jahre					
1	1,00000000	1,00000000	1,00000000	1,00000000	1,00000000
2	0,49937500	0,49925000	0,49912500	0,49900000	0,49887500
3	0,33250035	0,33233383	0,33216735	0,33200089	0,33183446
4	0,24906328	0,24887613	0,24868904	0,24850201	0,24831504
5	0,19900125	0,19880180	0,19860246	0,19840321	0,19820406
6	0,16562674	0,16541917	0,16521174	0,16500446	0,16479731
7	0,14178795	0,14157465	0,14136153	0,14114859	0,14093582
8	0,12390899	0,12369144	0,12347412	0,12325702	0,12304013
9	0,11000325	0,10978245	0,10956192	0,10934165	0,10912164
10	0,09887876	0,09865541	0,09843236	0,09820962	0,09798718
11	0,08977699	0,08955160	0,08932655	0,08910184	0,08887748
12	0,08219228	0,08196522	0,08173854	0,08151225	0,08128634
13	0,07577453	0,07554609	0,07531808	0,07509049	0,07486333
14	0,07027367	0,07004408	0,06981497	0,06958632	0,06935813
15	0,06550633	0,06527578	0,06504574	0,06481621	0,06458719
16	0,06133497	0,06110361	0,06087280	0,06064254	0,06041282
17	0,05765442	0,05742237	0,05719091	0,05696004	0,05672976
18	0,05438288	0,05415024	0,05391823	0,05368686	0,05345611
19	0,05145577	0,05122262	0,05099015	0,05075836	0,05052724
20	0,04882142	0,04858784	0,04835499	0,04812285	0,04789142
21	0,04643801	0,04620407	0,04597089	0,04573846	0,04550679
22	0,04427132	0,04403707	0,04380361	0,04357096	0,04333910
23	0,04229308	0,04205857	0,04182489	0,04159205	0,04136006
24	0,04047974	0,04024500	0,04001114	0,03977817	0,03954607
25	0,03881151	0,03857658	0,03834258	0,03810950	0,03787734
26	0,03727165	0,03703656	0,03680244	0,03656929	0,03633710
27	0,03584589	0,03561067	0,03537647	0,03514327	0,03491108
28	0,03452200	0,03428669	0,03405242	0,03381920	0,03358704
29	0,03328946	0,03305406	0,03281976	0,03258655	0,03235443
30	0,03213911	0,03190366	0,03166934	0,03143615	0,03120410
31	0,03106302	0,03082753	0,03059321	0,03036007	0,03012810
32	0,03005422	0,02981870	0,02958440	0,02935132	0,02911945
33	0,02910658	0,02887106	0,02863680	0,02840379	0,02817204
34	0,02821472	0,02797921	0,02774499	0,02751207	0,02728045
35	0,02737386	0,02713836	0,02690420	0,02667139	0,02643991
36	0,02657974	0,02634427	0,02611018	0,02587748	0,02564616
37	0,02582857	0,02559314	0,02535914	0,02512656	0,02489541
38	0,02511696	0,02488159	0,02464768	0,02441523	0,02418426
39	0,02444187	0,02420656	0,02397275	0,02374045	0,02350966
40	0,02380057	0,02356532	0,02333163	0,02309948	0,02286888

Zins	0,50	0,55	0,60	0,65	0,70
Jahre					
1	1,00000000	1,00000000	1,00000000	1,00000000	1,00000000
2	0,49875000	0,49862500	0,49850000	0,49837501	0,49825001
3	0,33166806	0,33150169	0,33133535	0,33116903	0,33100274
4	0,24812814	0,24794130	0,24775452	0,24756781	0,24738116
5	0,19800502	0,19780607	0,19760723	0,19740849	0,19720985
6	0,16459030	0,16438343	0,16417670	0,16397012	0,16376367
7	0,14072324	0,14051084	0,14029862	0,14008658	0,13987472
8	0,12282347	0,12260703	0,12239080	0,12217480	0,12195902
9	0,10890189	0,10868240	0,10846317	0,10824421	0,10802551
10	0,09776504	0,09754320	0,09732167	0,09710044	0,09687951
11	0,08865346	0,08842978	0,08820644	0,08798345	0,08776081
12	0,08106081	0,08083568	0,08061092	0,08038655	0,08016257
13	0,07463659	0,07441029	0,07418440	0,07395895	0,07373392
14	0,06913042	0,06890317	0,06867639	0,06845008	0,06822424
15	0,06435868	0,06413067	0,06390318	0,06367619	0,06344972
16	0,06018366	0,05995505	0,05972699	0,05949949	0,05927253
17	0,05650007	0,05627098	0,05604248	0,05581457	0,05558726
18	0,05322600	0,05299653	0,05276769	0,05253948	0,05231191
19	0,05029679	0,05006702	0,04983793	0,04960951	0,04938177
20	0,04766071	0,04743072	0,04720145	0,04697289	0,04674506
21	0,04527588	0,04504574	0,04481635	0,04458772	0,04435985
22	0,04310805	0,04287780	0,04264834	0,04241969	0,04219184
23	0,04112890	0,04089859	0,04066912	0,04044050	0,04021272
24	0,03931486	0,03908453	0,03885509	0,03862653	0,03839886
25	0,03764611	0,03741580	0,03718642	0,03695797	0,03673044
26	0,03610588	0,03587563	0,03564634	0,03541802	0,03519067
27	0,03467990	0,03444972	0,03422056	0,03399241	0,03376526
28	0,03335592	0,03312585	0,03289684	0,03266887	0,03244196
29	0,03212340	0,03189346	0,03166461	0,03143686	0,03121020
30	0,03097318	0,03074339	0,03051474	0,03028722	0,03006083
31	0,02989730	0,02966768	0,02943924	0,02921197	0,02898588
32	0,02888880	0,02865937	0,02843115	0,02820415	0,02797837
33	0,02794154	0,02771231	0,02748434	0,02725762	0,02703216
34	0,02705013	0,02682111	0,02659339	0,02636698	0,02614186
35	0,02620978	0,02598099	0,02575353	0,02552743	0,02530266
36	0,02541622	0,02518767	0,02496050	0,02473471	0,02451031
37	0,02466568	0,02443737	0,02421049	0,02398504	0,02376101
38	0,02395475	0,02372670	0,02350012	0,02327501	0,02305136
39	0,02328038	0,02305260	0,02282633	0,02260157	0,02237831
40	0,02263983	0,02241233	0,02218638	0,02196197	0,02173912

Zins	0,75	0,80	0,85	0,90	0,95
Jahre					
1	1,00000000	1,00000000	1,00000000	1,00000000	1,00000000
2	0,49812501	0,49800001	0,49787501	0,49775002	0,49762502
3	0,33083648	0,33067025	0,33050405	0,33033787	0,33017173
4	0,24719457	0,24700805	0,24682159	0,24663519	0,24644886
5	0,19701131	0,19681287	0,19661453	0,19641630	0,19621816
6	0,16355736	0,16335120	0,16314517	0,16293929	0,16273355
7	0,13966304	0,13945154	0,13924022	0,13902908	0,13881813
8	0,12174347	0,12152813	0,12131301	0,12109812	0,12088345
9	0,10780707	0,10758889	0,10737097	0,10715332	0,10693593
10	0,09665889	0,09643857	0,09621855	0,09599884	0,09577943
11	0,08753851	0,08731655	0,08709494	0,08687367	0,08665275
12	0,07993897	0,07971576	0,07949294	0,07927050	0,07904845
13	0,07350932	0,07328515	0,07306140	0,07283809	0,07261520
14	0,06799886	0,06777396	0,06754952	0,06732556	0,06710206
15	0,06322376	0,06299830	0,06277336	0,06254893	0,06232502
16	0,05904613	0,05882028	0,05859498	0,05837023	0,05814604
17	0,05536054	0,05513441	0,05490888	0,05468394	0,05445960
18	0,05208498	0,05185868	0,05163302	0,05140799	0,05118360
19	0,04915471	0,04892833	0,04870262	0,04847759	0,04825324
20	0,04651794	0,04629154	0,04606586	0,04584090	0,04561666
21	0,04413274	0,04390639	0,04368080	0,04345597	0,04323191
22	0,04196479	0,04173855	0,04151311	0,04128847	0,04106463
23	0,03998578	0,03975969	0,03953444	0,03931003	0,03908647
24	0,03817207	0,03794617	0,03772115	0,03749702	0,03727378
25	0,03650384	0,03627816	0,03605342	0,03582960	0,03560671
26	0,03496429	0,03473888	0,03451443	0,03429096	0,03406845
27	0,03353913	0,03331400	0,03308989	0,03286679	0,03264469
28	0,03221610	0,03199129	0,03176753	0,03154482	0,03132317
29	0,03098464	0,03076016	0,03053678	0,03031450	0,03009330
30	0,02983558	0,02961147	0,02938849	0,02916664	0,02894593
31	0,02876097	0,02853723	0,02831466	0,02809327	0,02787306
32	0,02775380	0,02753046	0,02730833	0,02708741	0,02686772
33	0,02680796	0,02658502	0,02636334	0,02614292	0,02592376
34	0,02591804	0,02569552	0,02547430	0,02525438	0,02503576
35	0,02507923	0,02485715	0,02463640	0,02441700	0,02419894
36	0,02428729	0,02406565	0,02384539	0,02362651	0,02340902
37	0,02353840	0,02331722	0,02309746	0,02287912	0,02266220
38	0,02282918	0,02260846	0,02238920	0,02217141	0,02195508
39	0,02215656	0,02193632	0,02171758	0,02150034	0,02128461
40	0,02151781	0,02129805	0,02107983	0,02086316	0,02064803

Zins	1,00	1,05	1,10	1,15	1,20
Jahre					
1	1,00000000	1,00000000	1,00000000	1,00000000	1,00000000
2	0,49750002	0,49737502	0,49725003	0,49712503	0,49700004
3	0,33000561	0,32983952	0,32967346	0,32950743	0,32934143
4	0,24626259	0,24607639	0,24589025	0,24570417	0,24551816
5	0,19602013	0,19582220	0,19562438	0,19542665	0,19522903
6	0,16252795	0,16232249	0,16211717	0,16191200	0,16170696
7	0,13860735	0,13839676	0,13818635	0,13797612	0,13776608
8	0,12066900	0,12045477	0,12024077	0,12002699	0,11981343
9	0,10671881	0,10650194	0,10628534	0,10606901	0,10585294
10	0,09556032	0,09534153	0,09512303	0,09490484	0,09468696
11	0,08643218	0,08621195	0,08599207	0,08577253	0,08555335
12	0,07882679	0,07860551	0,07838462	0,07816412	0,07794401
13	0,07239274	0,07217071	0,07194911	0,07172794	0,07150720
14	0,06687904	0,06665648	0,06643440	0,06621279	0,06599165
15	0,06210161	0,06187872	0,06165634	0,06143447	0,06121311
16	0,05792241	0,05769932	0,05747679	0,05725482	0,05703340
17	0,05423586	0,05401270	0,05379015	0,05356819	0,05334683
18	0,05095985	0,05073673	0,05051426	0,05029242	0,05007121
19	0,04802956	0,04780657	0,04758426	0,04736262	0,04714167
20	0,04539314	0,04517034	0,04494827	0,04472691	0,04450627
21	0,04300860	0,04278606	0,04256428	0,04234327	0,04212301
22	0,04084160	0,04061937	0,04039794	0,04017732	0,03995750
23	0,03886375	0,03864188	0,03842086	0,03820068	0,03798134
24	0,03705142	0,03682995	0,03660937	0,03638967	0,03617086
25	0,03538475	0,03516371	0,03494360	0,03472442	0,03450617
26	0,03384691	0,03362635	0,03340675	0,03318812	0,03297046
27	0,03242361	0,03220354	0,03198448	0,03176643	0,03154939
28	0,03110257	0,03088302	0,03066452	0,03044707	0,03023068
29	0,02987320	0,02965420	0,02943628	0,02921946	0,02900373
30	0,02872635	0,02850791	0,02829060	0,02807442	0,02785938
31	0,02765402	0,02743616	0,02721948	0,02700396	0,02678963
32	0,02664924	0,02643197	0,02621593	0,02600109	0,02578747
33	0,02570585	0,02548920	0,02527380	0,02505966	0,02484678
34	0,02481844	0,02460241	0,02438769	0,02417426	0,02396212
35	0,02398221	0,02376683	0,02355278	0,02334007	0,02312869
36	0,02319290	0,02297817	0,02276481	0,02255283	0,02234223
37	0,02244671	0,02223263	0,02201997	0,02180873	0,02159891
38	0,02174022	0,02152681	0,02131486	0,02110437	0,02089534
39	0,02107038	0,02085765	0,02064642	0,02043669	0,02022845
40	0,02043445	0,02022241	0,02001190	0,01980294	0,01959550

Zins	1,25	1,30	1,35	1,40	1,45
Jahre					
1	1,00000000	1,00000000	1,00000000	1,00000000	1,00000000
2	0,49687504	0,49675005	0,49662505	0,49650006	0,49637506
3	0,32917546	0,32900951	0,32884359	0,32867771	0,32851185
4	0,24533221	0,24514633	0,24496051	0,24477476	0,24458906
5	0,19503151	0,19483409	0,19463677	0,19443956	0,19424245
6	0,16150207	0,16129732	0,16109271	0,16088825	0,16068392
7	0,13755621	0,13734653	0,13713703	0,13692772	0,13671858
8	0,11960009	0,11938698	0,11917409	0,11896143	0,11874898
9	0,10563713	0,10542159	0,10520631	0,10499130	0,10477655
10	0,09446938	0,09425210	0,09403514	0,09381848	0,09360212
11	0,08533450	0,08511601	0,08489786	0,08468006	0,08446261
12	0,07772429	0,07750496	0,07728601	0,07706745	0,07684929
13	0,07128689	0,07106701	0,07084756	0,07062854	0,07040995
14	0,06577098	0,06555079	0,06533106	0,06511181	0,06489303
15	0,06099227	0,06077194	0,06055213	0,06033283	0,06011405
16	0,05681253	0,05659222	0,05637247	0,05615327	0,05593463
17	0,05312606	0,05290589	0,05268632	0,05246735	0,05224897
18	0,04985065	0,04963073	0,04941144	0,04919279	0,04897478
19	0,04692139	0,04670179	0,04648288	0,04626464	0,04604709
20	0,04428636	0,04406717	0,04384869	0,04363094	0,04341392
21	0,04190352	0,04168480	0,04146683	0,04124963	0,04103319
22	0,03973849	0,03952028	0,03930288	0,03908628	0,03887048
23	0,03776285	0,03754521	0,03732841	0,03711246	0,03689735
24	0,03595294	0,03573590	0,03551975	0,03530449	0,03509011
25	0,03428885	0,03407246	0,03385699	0,03364245	0,03342884
26	0,03275377	0,03253805	0,03232330	0,03210951	0,03189670
27	0,03133336	0,03111834	0,03090433	0,03069133	0,03047934
28	0,03001533	0,02980104	0,02958779	0,02937560	0,02916446
29	0,02878910	0,02857555	0,02836310	0,02815173	0,02794146
30	0,02764547	0,02743269	0,02722105	0,02701053	0,02680115
31	0,02657646	0,02636447	0,02615365	0,02594400	0,02573552
32	0,02557507	0,02536388	0,02515390	0,02494514	0,02473758
33	0,02463515	0,02442478	0,02421566	0,02400778	0,02380116
34	0,02375128	0,02354174	0,02333348	0,02312652	0,02292085
35	0,02291865	0,02270995	0,02250257	0,02229653	0,02209182
36	0,02213300	0,02192514	0,02171866	0,02151355	0,02130980
37	0,02139050	0,02118351	0,02097792	0,02077375	0,02057099
38	0,02068776	0,02048163	0,02027696	0,02007374	0,01987196
39	0,02002171	0,01981646	0,01961271	0,01941044	0,01920966
40	0,01938961	0,01918524	0,01898241	0,01878110	0,01858132

Zins	1,50	1,55	1,60	1,65	1,70
Jahre					
1	1,00000000	1,00000000	1,00000000	1,00000000	1,00000000
2	0,49625007	0,49612508	0,49600009	0,49587509	0,49575010
3	0,32834602	0,32818022	0,32801445	0,32784871	0,32768299
4	0,24440344	0,24421788	0,24403238	0,24384695	0,24366158
5	0,19404544	0,19384854	0,19365174	0,19345504	0,19325844
6	0,16047974	0,16027570	0,16007181	0,15986805	0,15966444
7	0,13650963	0,13630086	0,13609228	0,13588388	0,13567566
8	0,11853677	0,11832477	0,11811300	0,11790146	0,11769014
9	0,10456206	0,10434785	0,10413389	0,10392021	0,10370679
10	0,09338607	0,09317033	0,09295490	0,09273977	0,09252495
11	0,08424551	0,08402875	0,08381235	0,08359629	0,08338058
12	0,07663151	0,07641412	0,07619713	0,07598052	0,07576431
13	0,07019179	0,06997407	0,06975678	0,06953992	0,06932349
14	0,06467473	0,06445689	0,06423953	0,06402265	0,06380624
15	0,05989577	0,05967802	0,05946078	0,05924405	0,05902784
16	0,05571654	0,05549901	0,05528204	0,05506562	0,05484976
17	0,05203119	0,05181401	0,05159743	0,05138144	0,05116606
18	0,04875741	0,04854068	0,04832459	0,04810914	0,04789433
19	0,04583021	0,04561402	0,04539851	0,04518368	0,04496953
20	0,04319761	0,04298203	0,04276717	0,04255303	0,04233961
21	0,04081751	0,04060260	0,04038845	0,04017507	0,03996244
22	0,03865549	0,03844130	0,03822792	0,03801534	0,03780357
23	0,03668309	0,03646968	0,03625711	0,03604538	0,03583450
24	0,03487662	0,03466401	0,03445230	0,03424146	0,03403152
25	0,03321615	0,03300440	0,03279357	0,03258366	0,03237468
26	0,03168485	0,03147397	0,03126406	0,03105511	0,03084713
27	0,03026835	0,03005838	0,02984941	0,02964145	0,02943450
28	0,02895436	0,02874532	0,02853732	0,02833037	0,02812447
29	0,02773227	0,02752418	0,02731717	0,02711125	0,02690642
30	0,02659289	0,02638577	0,02617977	0,02597490	0,02577115
31	0,02552821	0,02532207	0,02511710	0,02491330	0,02471066
32	0,02453123	0,02432610	0,02412217	0,02391944	0,02371792
33	0,02359579	0,02339167	0,02318880	0,02298717	0,02278678
34	0,02271647	0,02251337	0,02231156	0,02211104	0,02191180
35	0,02188844	0,02168638	0,02148565	0,02128624	0,02108815
36	0,02110743	0,02090642	0,02070678	0,02050849	0,02031157
37	0,02036963	0,02016968	0,01997113	0,01977398	0,01957823
38	0,01967163	0,01947274	0,01927530	0,01907929	0,01888472
39	0,01901036	0,01881254	0,01861621	0,01842135	0,01822796
40	0,01838307	0,01818633	0,01799111	0,01779740	0,01760521

Zins	1,75	1,80	1,85	1,90	1,95
Jahre					
1	1,00000000	1,00000000	1,00000000	1,00000000	1,00000000
2	0,49562511	0,49550012	0,49537513	0,49525014	0,49512515
3	0,32751731	0,32735166	0,32718603	0,32702043	0,32685487
4	0,24347628	0,24329104	0,24310587	0,24292076	0,24273572
5	0,19306195	0,19286556	0,19266928	0,19247310	0,19227702
6	0,15946098	0,15925765	0,15905447	0,15885144	0,15864854
7	0,13546763	0,13525978	0,13505211	0,13484463	0,13463733
8	0,11747904	0,11726817	0,11705753	0,11684711	0,11663691
9	0,10349363	0,10328074	0,10306812	0,10285576	0,10264368
10	0,09231044	0,09209623	0,09188234	0,09166875	0,09145547
11	0,08316522	0,08295021	0,08273555	0,08252124	0,08230727
12	0,07554848	0,07533305	0,07511800	0,07490335	0,07468909
13	0,06910749	0,06889192	0,06867679	0,06846209	0,06824783
14	0,06359030	0,06337483	0,06315984	0,06294533	0,06273129
15	0,05881215	0,05859697	0,05838230	0,05816815	0,05795452
16	0,05463446	0,05441971	0,05420552	0,05399189	0,05377882
17	0,05095127	0,05073708	0,05052349	0,05031050	0,05009810
18	0,04768016	0,04746663	0,04725373	0,04704148	0,04682987
19	0,04475606	0,04454327	0,04433116	0,04411973	0,04390899
20	0,04212691	0,04191494	0,04170369	0,04149316	0,04128335
21	0,03975059	0,03953949	0,03932916	0,03911959	0,03891078
22	0,03759260	0,03738243	0,03717307	0,03696451	0,03675676
23	0,03562447	0,03541528	0,03520693	0,03499943	0,03479277
24	0,03382246	0,03361428	0,03340699	0,03320058	0,03299506
25	0,03216663	0,03195951	0,03175330	0,03154803	0,03134367
26	0,03064012	0,03043407	0,03022899	0,03002488	0,02982172
27	0,02922855	0,02902361	0,02881968	0,02861674	0,02841482
28	0,02791961	0,02771580	0,02751303	0,02731131	0,02711063
29	0,02670267	0,02650001	0,02629843	0,02609794	0,02589853
30	0,02556854	0,02536704	0,02516667	0,02496742	0,02476930
31	0,02450919	0,02430888	0,02410973	0,02391174	0,02371491
32	0,02351761	0,02331850	0,02312059	0,02292387	0,02272836
33	0,02258764	0,02238974	0,02219308	0,02199765	0,02180346
34	0,02171384	0,02151716	0,02132176	0,02112763	0,02093478
35	0,02089139	0,02069594	0,02050181	0,02030899	0,02011748
36	0,02011601	0,01992180	0,01972895	0,01953744	0,01934729
37	0,01938388	0,01919092	0,01899935	0,01880917	0,01862038
38	0,01869158	0,01849988	0,01830960	0,01812075	0,01793332
39	0,01803605	0,01784561	0,01765663	0,01746911	0,01728305
40	0,01741453	0,01722535	0,01703767	0,01685149	0,01666680

Zins	2,00	2,05	2,10	2,15	2,20
Jahre					
1	1,00000000	1,00000000	1,00000000	1,00000000	1,00000000
2	0,49500017	0,49487518	0,49475019	0,49462521	0,49450022
3	0,32668933	0,32652382	0,32635835	0,32619290	0,32602748
4	0,24255074	0,24236583	0,24218098	0,24199620	0,24181149
5	0,19208105	0,19188518	0,19168941	0,19149375	0,19129819
6	0,15844580	0,15824319	0,15804073	0,15783841	0,15763624
7	0,13443022	0,13422329	0,13401655	0,13380999	0,13360362
8	0,11642694	0,11621720	0,11600768	0,11579839	0,11558932
9	0,10243185	0,10222030	0,10200901	0,10179799	0,10158724
10	0,09124249	0,09102983	0,09081748	0,09060543	0,09039369
11	0,08209366	0,08188040	0,08166749	0,08145493	0,08124272
12	0,07447522	0,07426174	0,07404866	0,07383596	0,07362366
13	0,06803399	0,06782060	0,06760763	0,06739510	0,06718300
14	0,06251772	0,06230463	0,06209202	0,06187988	0,06166821
15	0,05774141	0,05752881	0,05731673	0,05710516	0,05689411
16	0,05356630	0,05335434	0,05314294	0,05293210	0,05272182
17	0,04988631	0,04967511	0,04946452	0,04925452	0,04904512
18	0,04661890	0,04640857	0,04619888	0,04598983	0,04578141
19	0,04369893	0,04348954	0,04328084	0,04307282	0,04286548
20	0,04107427	0,04086591	0,04065827	0,04045135	0,04024515
21	0,03870274	0,03849545	0,03828893	0,03808318	0,03787818
22	0,03654980	0,03634365	0,03613831	0,03593376	0,03573002
23	0,03458695	0,03438198	0,03417785	0,03397457	0,03377212
24	0,03279042	0,03258667	0,03238379	0,03218180	0,03198070
25	0,03114025	0,03093774	0,03073616	0,03053550	0,03033576
26	0,02961953	0,02941831	0,02921804	0,02901874	0,02882039
27	0,02821389	0,02801397	0,02781505	0,02761712	0,02742020
28	0,02691099	0,02671239	0,02651484	0,02631832	0,02612284
29	0,02570019	0,02550294	0,02530677	0,02511167	0,02491766
30	0,02457229	0,02437640	0,02418163	0,02398797	0,02379543
31	0,02351925	0,02332473	0,02313138	0,02293917	0,02274812
32	0,02253404	0,02234092	0,02214899	0,02195826	0,02176871
33	0,02161051	0,02141879	0,02122830	0,02103904	0,02085100
34	0,02074320	0,02055289	0,02036385	0,02017607	0,01998956
35	0,01992729	0,01973840	0,01955081	0,01936453	0,01917954
36	0,01915848	0,01897102	0,01878490	0,01860011	0,01841666
37	0,01843296	0,01824693	0,01806228	0,01787900	0,01769709
38	0,01774731	0,01756272	0,01737954	0,01719776	0,01701740
39	0,01709845	0,01691530	0,01673359	0,01655333	0,01637452
40	0,01648361	0,01630191	0,01612168	0,01594294	0,01576567

Zins	2,25	2,30	2,35	2,40	2,45
Jahre					
1	1,00000000	1,00000000	1,00000000	1,00000000	1,00000000
2	0,49437524	0,49425025	0,49412527	0,49400029	0,49387531
3	0,32586209	0,32569673	0,32553140	0,32536610	0,32520083
4	0,24162684	0,24144225	0,24125773	0,24107328	0,24088889
5	0,19110274	0,19090739	0,19071214	0,19051700	0,19032197
6	0,15743421	0,15723232	0,15703058	0,15682899	0,15662754
7	0,13339743	0,13319142	0,13298560	0,13277997	0,13257452
8	0,11538048	0,11517187	0,11496348	0,11475532	0,11454739
9	0,10137675	0,10116653	0,10095658	0,10074690	0,10053749
10	0,09018227	0,08997115	0,08976034	0,08954984	0,08933965
11	0,08103086	0,08081935	0,08060819	0,08039739	0,08018693
12	0,07341175	0,07320024	0,07298912	0,07277839	0,07256805
13	0,06697134	0,06676011	0,06654931	0,06633895	0,06612902
14	0,06145702	0,06124631	0,06103607	0,06082631	0,06061702
15	0,05668358	0,05647357	0,05626407	0,05605509	0,05584662
16	0,05251209	0,05230292	0,05209431	0,05188626	0,05167877
17	0,04883632	0,04862812	0,04842052	0,04821352	0,04800712
18	0,04557364	0,04536651	0,04516002	0,04495417	0,04474896
19	0,04265882	0,04245284	0,04224755	0,04204293	0,04183899
20	0,04003967	0,03983492	0,03963088	0,03942757	0,03922498
21	0,03767395	0,03747048	0,03726777	0,03706582	0,03686463
22	0,03552708	0,03532494	0,03512361	0,03492307	0,03472334
23	0,03357052	0,03336976	0,03316984	0,03297076	0,03277252
24	0,03178047	0,03158112	0,03138266	0,03118507	0,03098836
25	0,03013694	0,02993904	0,02974206	0,02954599	0,02935085
26	0,02862301	0,02842658	0,02823112	0,02803661	0,02784305
27	0,02722428	0,02702935	0,02683542	0,02664249	0,02645055
28	0,02592840	0,02573499	0,02554262	0,02535128	0,02516097
29	0,02472471	0,02453284	0,02434204	0,02415232	0,02396366
30	0,02360400	0,02341368	0,02322447	0,02303637	0,02284938
31	0,02255822	0,02236947	0,02218186	0,02199540	0,02181009
32	0,02158035	0,02139317	0,02120718	0,02102237	0,02083874
33	0,02066419	0,02047860	0,02029423	0,02011108	0,01992914
34	0,01980430	0,01962031	0,01943757	0,01925608	0,01907585
35	0,01899585	0,01881346	0,01863236	0,01845254	0,01827401
36	0,01823454	0,01805376	0,01787430	0,01769616	0,01751934
37	0,01751655	0,01733737	0,01715956	0,01698310	0,01680799
38	0,01683844	0,01666088	0,01648471	0,01630993	0,01613654
39	0,01619714	0,01602119	0,01584667	0,01567358	0,01550191
40	0,01558988	0,01541555	0,01524268	0,01507127	0,01490132

Zins	2,50	2,55	2,60	2,65	2,70
Jahre					
1	1,00000000	1,00000000	1,00000000	1,00000000	1,00000000
2	0,49375033	0,49362535	0,49350037	0,49337539	0,49325041
3	0,32503558	0,32487037	0,32470519	0,32454004	0,32437492
4	0,24070457	0,24052031	0,24033612	0,24015200	0,23996794
5	0,19012703	0,18993221	0,18973749	0,18954287	0,18934836
6	0,15642623	0,15622507	0,15602405	0,15582318	0,15562246
7	0,13236926	0,13216419	0,13195930	0,13175459	0,13155007
8	0,11433968	0,11413220	0,11392495	0,11371792	0,11351113
9	0,10032835	0,10011947	0,09991086	0,09970252	0,09949445
10	0,08912977	0,08892020	0,08871094	0,08850200	0,08829336
11	0,07997683	0,07976708	0,07955768	0,07934864	0,07913994
12	0,07235811	0,07214856	0,07193940	0,07173064	0,07152227
13	0,06591953	0,06571048	0,06550185	0,06529367	0,06508592
14	0,06040821	0,06019988	0,05999202	0,05978464	0,05957773
15	0,05563868	0,05543125	0,05522434	0,05501794	0,05481207
16	0,05147184	0,05126546	0,05105964	0,05085438	0,05064968
17	0,04780132	0,04759612	0,04739151	0,04718751	0,04698410
18	0,04454439	0,04434046	0,04413717	0,04393452	0,04373251
19	0,04163574	0,04143316	0,04123127	0,04103005	0,04082952
20	0,03902311	0,03882196	0,03862153	0,03842181	0,03822282
21	0,03666420	0,03646453	0,03626562	0,03606747	0,03587008
22	0,03452440	0,03432626	0,03412893	0,03393239	0,03373665
23	0,03257512	0,03237856	0,03218283	0,03198795	0,03179390
24	0,03079253	0,03059758	0,03040351	0,03021031	0,03001798
25	0,02915662	0,02896331	0,02877092	0,02857943	0,02838887
26	0,02765046	0,02745881	0,02726812	0,02707838	0,02688959
27	0,02625960	0,02606964	0,02588068	0,02569270	0,02550572
28	0,02497169	0,02478344	0,02459623	0,02441003	0,02422486
29	0,02377607	0,02358955	0,02340409	0,02321969	0,02303636
30	0,02266349	0,02247871	0,02229502	0,02211243	0,02193095
31	0,02162591	0,02144287	0,02126097	0,02108021	0,02090057
32	0,02065628	0,02047500	0,02029490	0,02011596	0,01993819
33	0,01974842	0,01956891	0,01939060	0,01921350	0,01903760
34	0,01889686	0,01871912	0,01854262	0,01836735	0,01819333
35	0,01809677	0,01792080	0,01774611	0,01757269	0,01740054
36	0,01734384	0,01716965	0,01699677	0,01682520	0,01665493
37	0,01663424	0,01646183	0,01629077	0,01612104	0,01595265
38	0,01596454	0,01579391	0,01562466	0,01545678	0,01529027
39	0,01533165	0,01516281	0,01499537	0,01482934	0,01466470
40	0,01473281	0,01456575	0,01440012	0,01423593	0,01407317

Zins	2,75	2,80	2,85	2,90	2,95
Jahre					
1	1,00000000	1,00000000	1,00000000	1,00000000	1,00000000
2	0,49312543	0,49300046	0,49287548	0,49275051	0,49262553
3	0,32420983	0,32404477	0,32387974	0,32371473	0,32354976
4	0,23978395	0,23960003	0,23941617	0,23923237	0,23904865
5	0,18915395	0,18895965	0,18876545	0,18857136	0,18837738
6	0,15542188	0,15522144	0,15502115	0,15482101	0,15462101
7	0,13134574	0,13114160	0,13093764	0,13073387	0,13053028
8	0,11330456	0,11309822	0,11289210	0,11268622	0,11248056
9	0,09928665	0,09907912	0,09887186	0,09866487	0,09845815
10	0,08808503	0,08787702	0,08766931	0,08746192	0,08725484
11	0,07893160	0,07872361	0,07851597	0,07830869	0,07810176
12	0,07131429	0,07110671	0,07089952	0,07069273	0,07048633
13	0,06487860	0,06467172	0,06446527	0,06425927	0,06405369
14	0,05937130	0,05916535	0,05895988	0,05875488	0,05855036
15	0,05460671	0,05440187	0,05419755	0,05399374	0,05379045
16	0,05044554	0,05024196	0,05003893	0,04983647	0,04963456
17	0,04678130	0,04657909	0,04637748	0,04617647	0,04597606
18	0,04353113	0,04333040	0,04313031	0,04293085	0,04273204
19	0,04062966	0,04043048	0,04023198	0,04003416	0,03983702
20	0,03802455	0,03782699	0,03763016	0,03743404	0,03723864
21	0,03567345	0,03547757	0,03528246	0,03508810	0,03489450
22	0,03354170	0,03334756	0,03315421	0,03296165	0,03276989
23	0,03160068	0,03140831	0,03121676	0,03102605	0,03083618
24	0,02982653	0,02963596	0,02944625	0,02925742	0,02906946
25	0,02819921	0,02801046	0,02782263	0,02763570	0,02744969
26	0,02670175	0,02651486	0,02632892	0,02614392	0,02595987
27	0,02531972	0,02513470	0,02495067	0,02476762	0,02458556
28	0,02404072	0,02385760	0,02367549	0,02349441	0,02331434
29	0,02285408	0,02267287	0,02249270	0,02231360	0,02213554
30	0,02175055	0,02157125	0,02139304	0,02121592	0,02103989
31	0,02072207	0,02054470	0,02036845	0,02019332	0,02001932
32	0,01976159	0,01958614	0,01941186	0,01923874	0,01906677
33	0,01886290	0,01868939	0,01851708	0,01834596	0,01817603
34	0,01802054	0,01784897	0,01767864	0,01750952	0,01734163
35	0,01722966	0,01706004	0,01689168	0,01672457	0,01655871
36	0,01648595	0,01631828	0,01615189	0,01598679	0,01582298
37	0,01578559	0,01561985	0,01545544	0,01529235	0,01513056
38	0,01512512	0,01496132	0,01479888	0,01463779	0,01447804
39	0,01450146	0,01433960	0,01417913	0,01402003	0,01386231
40	0,01391183	0,01375191	0,01359340	0,01343630	0,01328060

Zins	3,00	3,05	3,10	3,15	3,20
Jahre					
1	1,00000000	1,00000000	1,00000000	1,00000000	1,00000000
2	0,49250056	0,49237559	0,49225062	0,49212565	0,49200068
3	0,32338482	0,32321991	0,32305503	0,32289018	0,32272536
4	0,23886499	0,23868140	0,23849787	0,23831441	0,23813102
5	0,18818350	0,18798972	0,18779606	0,18760249	0,18740904
6	0,15442116	0,15422145	0,15402189	0,15382248	0,15362321
7	0,13032689	0,13012368	0,12992065	0,12971782	0,12951517
8	0,11227513	0,11206993	0,11186496	0,11166022	0,11145570
9	0,09825170	0,09804552	0,09783961	0,09763397	0,09742860
10	0,08704807	0,08684161	0,08663547	0,08642963	0,08622411
11	0,07789518	0,07768896	0,07748309	0,07727757	0,07707241
12	0,07028033	0,07007472	0,06986951	0,06966469	0,06946026
13	0,06384855	0,06364385	0,06343959	0,06323576	0,06303236
14	0,05834632	0,05814275	0,05793966	0,05773705	0,05753491
15	0,05358768	0,05338543	0,05318370	0,05298248	0,05278178
16	0,04943321	0,04923242	0,04903218	0,04883251	0,04863339
17	0,04577625	0,04557703	0,04537842	0,04518040	0,04498298
18	0,04253386	0,04233632	0,04213942	0,04194315	0,04174753
19	0,03964056	0,03944477	0,03924966	0,03905523	0,03886148
20	0,03704396	0,03684999	0,03665674	0,03646421	0,03627239
21	0,03470165	0,03450956	0,03431822	0,03412764	0,03393781
22	0,03257893	0,03238876	0,03219938	0,03201080	0,03182300
23	0,03064713	0,03045892	0,03027154	0,03008499	0,02989927
24	0,02888237	0,02869615	0,02851080	0,02832631	0,02814269
25	0,02726458	0,02708037	0,02689707	0,02671468	0,02653319
26	0,02577677	0,02559460	0,02541338	0,02523309	0,02505374
27	0,02440447	0,02422436	0,02404523	0,02386707	0,02368989
28	0,02313529	0,02295725	0,02278023	0,02260421	0,02242920
29	0,02195854	0,02178258	0,02160767	0,02143380	0,02126098
30	0,02086494	0,02069108	0,02051829	0,02034658	0,02017595
31	0,01984643	0,01967466	0,01950401	0,01933446	0,01916602
32	0,01889595	0,01872628	0,01855776	0,01839038	0,01822414
33	0,01800728	0,01783971	0,01767333	0,01750811	0,01734407
34	0,01717495	0,01700949	0,01684523	0,01668219	0,01652034
35	0,01639411	0,01623075	0,01606863	0,01590774	0,01574809
36	0,01566044	0,01549918	0,01533918	0,01518046	0,01502299
37	0,01497009	0,01481093	0,01465306	0,01449649	0,01434121
38	0,01431963	0,01416255	0,01400680	0,01385238	0,01369928
39	0,01370596	0,01355096	0,01339733	0,01324505	0,01309411
40	0,01312629	0,01297338	0,01282185	0,01267170	0,01252292

Zins	3,25	3,30	3,35	3,40	3,45
Jahre					
1	1,00000000	1,00000000	1,00000000	1,00000000	1,00000000
2	0,49187572	0,49175075	0,49162578	0,49150082	0,49137586
3	0,32256057	0,32239581	0,32223108	0,32206639	0,32190172
4	0,23794769	0,23776443	0,23758124	0,23739811	0,23721506
5	0,18721569	0,18702244	0,18682930	0,18663627	0,18644335
6	0,15342409	0,15322512	0,15302629	0,15282761	0,15262908
7	0,12931271	0,12911043	0,12890835	0,12870645	0,12850474
8	0,11125142	0,11104736	0,11084354	0,11063994	0,11043657
9	0,09722350	0,09701867	0,09681411	0,09660982	0,09640581
10	0,08601890	0,08581400	0,08560942	0,08540514	0,08520118
11	0,07686760	0,07666314	0,07645904	0,07625529	0,07605190
12	0,06925623	0,06905260	0,06884936	0,06864652	0,06844407
13	0,06282941	0,06262688	0,06242480	0,06222315	0,06202194
14	0,05733325	0,05713207	0,05693136	0,05673114	0,05653139
15	0,05258160	0,05238194	0,05218279	0,05198416	0,05178605
16	0,04843483	0,04823683	0,04803938	0,04784250	0,04764617
17	0,04478616	0,04458993	0,04439431	0,04419928	0,04400485
18	0,04155254	0,04135819	0,04116447	0,04097139	0,04077895
19	0,03866840	0,03847600	0,03828427	0,03809322	0,03790285
20	0,03608129	0,03589090	0,03570123	0,03551227	0,03532402
21	0,03374874	0,03356042	0,03337285	0,03318603	0,03299996
22	0,03163600	0,03144979	0,03126437	0,03107974	0,03089589
23	0,02971438	0,02953031	0,02934707	0,02916466	0,02898307
24	0,02795994	0,02777805	0,02759702	0,02741685	0,02723755
25	0,02635259	0,02617290	0,02599411	0,02581621	0,02563921
26	0,02487534	0,02469786	0,02452132	0,02434571	0,02417103
27	0,02351368	0,02333843	0,02316416	0,02299085	0,02281851
28	0,02225520	0,02208220	0,02191020	0,02173921	0,02156921
29	0,02108920	0,02091845	0,02074874	0,02058006	0,02041241
30	0,02000639	0,01983790	0,01967048	0,01950412	0,01933883
31	0,01899869	0,01883246	0,01866733	0,01850330	0,01834036
32	0,01805903	0,01789507	0,01773223	0,01757052	0,01740993
33	0,01718120	0,01701949	0,01685894	0,01669955	0,01654132
34	0,01635969	0,01620024	0,01604198	0,01588491	0,01572902
35	0,01558966	0,01543246	0,01527649	0,01512172	0,01496817
36	0,01486679	0,01471183	0,01455813	0,01440567	0,01425445
37	0,01418721	0,01403450	0,01388306	0,01373289	0,01358399
38	0,01354748	0,01339700	0,01324782	0,01309994	0,01295334
39	0,01294451	0,01279625	0,01264931	0,01250370	0,01235941
40	0,01237550	0,01222945	0,01208475	0,01194140	0,01179939

Zins	3,50	3,55	3,60	3,65	3,70
Jahre					
1	1,00000000	1,00000000	1,00000000	1,00000000	1,00000000
2	0,49125089	0,49112593	0,49100097	0,49087601	0,49075106
3	0,32173708	0,32157248	0,32140790	0,32124336	0,32107884
4	0,23703206	0,23684914	0,23666628	0,23648350	0,23630077
5	0,18625053	0,18605782	0,18586521	0,18567271	0,18548032
6	0,15243069	0,15223245	0,15203436	0,15183642	0,15163862
7	0,12830322	0,12810189	0,12790074	0,12769979	0,12749902
8	0,11023343	0,11003053	0,10982785	0,10962540	0,10942318
9	0,09620206	0,09599859	0,09579539	0,09559246	0,09538980
10	0,08499754	0,08479420	0,08459118	0,08438847	0,08418608
11	0,07584886	0,07564617	0,07544384	0,07524186	0,07504024
12	0,06824202	0,06804036	0,06783910	0,06763823	0,06743776
13	0,06182116	0,06162082	0,06142092	0,06122146	0,06102243
14	0,05633211	0,05613332	0,05593500	0,05573716	0,05553979
15	0,05158846	0,05139138	0,05119483	0,05099878	0,05080326
16	0,04745040	0,04725518	0,04706053	0,04686643	0,04667288
17	0,04381101	0,04361777	0,04342513	0,04323309	0,04304164
18	0,04058715	0,04039598	0,04020544	0,04001554	0,03982628
19	0,03771315	0,03752412	0,03733577	0,03714809	0,03696108
20	0,03513649	0,03494967	0,03476355	0,03457816	0,03439347
21	0,03281465	0,03263008	0,03244626	0,03226319	0,03208087
22	0,03071283	0,03053056	0,03034908	0,03016838	0,02998846
23	0,02880230	0,02862236	0,02844324	0,02826494	0,02808746
24	0,02705910	0,02688151	0,02670478	0,02652891	0,02635389
25	0,02546311	0,02528789	0,02511357	0,02494014	0,02476760
26	0,02399728	0,02382446	0,02365257	0,02348159	0,02331154
27	0,02264713	0,02247671	0,02230725	0,02213875	0,02197120
28	0,02140021	0,02123220	0,02106518	0,02089916	0,02073412
29	0,02024579	0,02008020	0,01991563	0,01975208	0,01958955
30	0,01917460	0,01901142	0,01884930	0,01868823	0,01852821
31	0,01817852	0,01801776	0,01785808	0,01769949	0,01754198
32	0,01725047	0,01709213	0,01693490	0,01677878	0,01662377
33	0,01638423	0,01622830	0,01607350	0,01591985	0,01576733
34	0,01557431	0,01542077	0,01526841	0,01511722	0,01496718
35	0,01481583	0,01466469	0,01451474	0,01436600	0,01421844
36	0,01410446	0,01395570	0,01380817	0,01366186	0,01351676
37	0,01343635	0,01328996	0,01314483	0,01300094	0,01285829
38	0,01280804	0,01266401	0,01252126	0,01237978	0,01223957
39	0,01221642	0,01207475	0,01193437	0,01179528	0,01165748
40	0,01165872	0,01151937	0,01138134	0,01124463	0,01110923

Zins	3,75	3,80	3,85	3,90	3,95
Jahre					
1	1,00000000	1,00000000	1,00000000	1,00000000	1,00000000
2	0,49062610	0,49050114	0,49037619	0,49025124	0,49012628
3	0,32091436	0,32074991	0,32058549	0,32042110	0,32025674
4	0,23611812	0,23593553	0,23575301	0,23557056	0,23538818
5	0,18528803	0,18509585	0,18490378	0,18471182	0,18451996
6	0,15144097	0,15124347	0,15104611	0,15084891	0,15065185
7	0,12729844	0,12709805	0,12689785	0,12669784	0,12649802
8	0,10922120	0,10901944	0,10881791	0,10861662	0,10841555
9	0,09518741	0,09498530	0,09478345	0,09458188	0,09438059
10	0,08398400	0,08378223	0,08358077	0,08337963	0,08317881
11	0,07483897	0,07463806	0,07443750	0,07423730	0,07403745
12	0,06723769	0,06703801	0,06683873	0,06663984	0,06644135
13	0,06082383	0,06062568	0,06042796	0,06023067	0,06003383
14	0,05534290	0,05514649	0,05495056	0,05475510	0,05456012
15	0,05060825	0,05041376	0,05021979	0,05002633	0,04983339
16	0,04647990	0,04628747	0,04609559	0,04590428	0,04571351
17	0,04285078	0,04266052	0,04247086	0,04228179	0,04209332
18	0,03963765	0,03944965	0,03926228	0,03907555	0,03888946
19	0,03677474	0,03658908	0,03640409	0,03621977	0,03603612
20	0,03420949	0,03402622	0,03384365	0,03366180	0,03348065
21	0,03189929	0,03171846	0,03153838	0,03135903	0,03118044
22	0,02980932	0,02963097	0,02945340	0,02927660	0,02910059
23	0,02791079	0,02773495	0,02755992	0,02738570	0,02721230
24	0,02617972	0,02600640	0,02583393	0,02566232	0,02549155
25	0,02459594	0,02442517	0,02425529	0,02408628	0,02391816
26	0,02314242	0,02297420	0,02280691	0,02264053	0,02247507
27	0,02180461	0,02163896	0,02147427	0,02131052	0,02114772
28	0,02057006	0,02040699	0,02024490	0,02008378	0,01992365
29	0,01942804	0,01926754	0,01910805	0,01894957	0,01879210
30	0,01836924	0,01821131	0,01805442	0,01789857	0,01774375
31	0,01738554	0,01723018	0,01707588	0,01692265	0,01677049
32	0,01646986	0,01631705	0,01616534	0,01601473	0,01586520
33	0,01561595	0,01546569	0,01531656	0,01516855	0,01502165
34	0,01481831	0,01467059	0,01452402	0,01437860	0,01423432
35	0,01407206	0,01392687	0,01378285	0,01364001	0,01349833
36	0,01337288	0,01323019	0,01308871	0,01294843	0,01280933
37	0,01271688	0,01257669	0,01243773	0,01229998	0,01216345
38	0,01210061	0,01196290	0,01182644	0,01169122	0,01155723
39	0,01152096	0,01138571	0,01125173	0,01111901	0,01098755
40	0,01097513	0,01084233	0,01071081	0,01058057	0,01045161

33

Zins	4,00	4,05	4,10	4,15	4,20
Jahre					
1	1,00000000	1,00000000	1,00000000	1,00000000	1,00000000
2	0,49000133	0,48987638	0,48975144	0,48962649	0,48950154
3	0,32009241	0,31992811	0,31976384	0,31959961	0,31943540
4	0,23520586	0,23502362	0,23484144	0,23465932	0,23447728
5	0,18432821	0,18413657	0,18394503	0,18375361	0,18356229
6	0,15045494	0,15025818	0,15006156	0,14986510	0,14966878
7	0,12629839	0,12609894	0,12589969	0,12570063	0,12550175
8	0,10821472	0,10801411	0,10781374	0,10761360	0,10741369
9	0,09417956	0,09397881	0,09377833	0,09357812	0,09337819
10	0,08297829	0,08277809	0,08257821	0,08237864	0,08217938
11	0,07383796	0,07363882	0,07344004	0,07324162	0,07304355
12	0,06624326	0,06604556	0,06584826	0,06565135	0,06545484
13	0,05983742	0,05964145	0,05944591	0,05925081	0,05905615
14	0,05436562	0,05417159	0,05397804	0,05378497	0,05359237
15	0,04964097	0,04944906	0,04925767	0,04906680	0,04887644
16	0,04552331	0,04533366	0,04514456	0,04495602	0,04476803
17	0,04190544	0,04171815	0,04153146	0,04134536	0,04115986
18	0,03870399	0,03851916	0,03833496	0,03815139	0,03796845
19	0,03585314	0,03567083	0,03548918	0,03530821	0,03512790
20	0,03330021	0,03312048	0,03294145	0,03276312	0,03258550
21	0,03100258	0,03082547	0,03064909	0,03047346	0,03029857
22	0,02892535	0,02875090	0,02857721	0,02840430	0,02823217
23	0,02703971	0,02686793	0,02669696	0,02652680	0,02635745
24	0,02532163	0,02515255	0,02498431	0,02481692	0,02465037
25	0,02375092	0,02358455	0,02341907	0,02325445	0,02309071
26	0,02231052	0,02214687	0,02198414	0,02182230	0,02166138
27	0,02098586	0,02082494	0,02066496	0,02050592	0,02034781
28	0,01976448	0,01960629	0,01944906	0,01929280	0,01913751
29	0,01863562	0,01848015	0,01832568	0,01817220	0,01801971
30	0,01758996	0,01743721	0,01728548	0,01713477	0,01698508
31	0,01661938	0,01646933	0,01632033	0,01617238	0,01602548
32	0,01571676	0,01556941	0,01542313	0,01527793	0,01513380
33	0,01487587	0,01473119	0,01458762	0,01444515	0,01430377
34	0,01409118	0,01394917	0,01380828	0,01366853	0,01352989
35	0,01335781	0,01321845	0,01308023	0,01294317	0,01280725
36	0,01267142	0,01253468	0,01239912	0,01226473	0,01213150
37	0,01202812	0,01189400	0,01176107	0,01162933	0,01149877
38	0,01142447	0,01129293	0,01116261	0,01103349	0,01090558
39	0,01085733	0,01072836	0,01060062	0,01047410	0,01034881
40	0,01032392	0,01019748	0,01007230	0,00994836	0,00982566

Zins	4,25	4,30	4,35	4,40	4,45
Jahre					
1	1,00000000	1,00000000	1,00000000	1,00000000	1,00000000
2	0,48937660	0,48925166	0,48912671	0,48900177	0,48887684
3	0,31927123	0,31910709	0,31894298	0,31877890	0,31861485
4	0,23429530	0,23411340	0,23393156	0,23374979	0,23356808
5	0,18337107	0,18317997	0,18298897	0,18279808	0,18260730
6	0,14947261	0,14927659	0,14908072	0,14888499	0,14868942
7	0,12530307	0,12510457	0,12490627	0,12470816	0,12451023
8	0,10721401	0,10701457	0,10681535	0,10661637	0,10641762
9	0,09317853	0,09297914	0,09278002	0,09258118	0,09238261
10	0,08198044	0,08178181	0,08158350	0,08138550	0,08118782
11	0,07284583	0,07264847	0,07245147	0,07225482	0,07205852
12	0,06525873	0,06506301	0,06486769	0,06467276	0,06447824
13	0,05886192	0,05866813	0,05847478	0,05828186	0,05808938
14	0,05340025	0,05320861	0,05301744	0,05282675	0,05263653
15	0,04868659	0,04849727	0,04830845	0,04812016	0,04793238
16	0,04458060	0,04439373	0,04420740	0,04402163	0,04383642
17	0,04097494	0,04079062	0,04060690	0,04042376	0,04024121
18	0,03778613	0,03760445	0,03742340	0,03724298	0,03706318
19	0,03494826	0,03476928	0,03459098	0,03441333	0,03423635
20	0,03240858	0,03223237	0,03205685	0,03188204	0,03170792
21	0,03012441	0,02995099	0,02977831	0,02960636	0,02943515
22	0,02806081	0,02789021	0,02772039	0,02755134	0,02738306
23	0,02618891	0,02602116	0,02585423	0,02568809	0,02552275
24	0,02448465	0,02431978	0,02415573	0,02399253	0,02383015
25	0,02292784	0,02276583	0,02260470	0,02244443	0,02228502
26	0,02150135	0,02134223	0,02118400	0,02102667	0,02087023
27	0,02019063	0,02003438	0,01987906	0,01972466	0,01957118
28	0,01898317	0,01882979	0,01867737	0,01852590	0,01837538
29	0,01786821	0,01771770	0,01756817	0,01741961	0,01727204
30	0,01683640	0,01668874	0,01654209	0,01639644	0,01625180
31	0,01587962	0,01573479	0,01559101	0,01544825	0,01530652
32	0,01499073	0,01484873	0,01470779	0,01456790	0,01442907
33	0,01416349	0,01402429	0,01388617	0,01374914	0,01361317
34	0,01339236	0,01325595	0,01312064	0,01298643	0,01285331
35	0,01267246	0,01253880	0,01240627	0,01227487	0,01214457
36	0,01199943	0,01186851	0,01173874	0,01161010	0,01148261
37	0,01136939	0,01124118	0,01111414	0,01098825	0,01086352
38	0,01077886	0,01065334	0,01052900	0,01040583	0,01028384
39	0,01022474	0,01010187	0,00998020	0,00985972	0,00974043
40	0,00970419	0,00958395	0,00946492	0,00934710	0,00923049

Zins	4,50	4,55	4,60	4,65	4,70
Jahre					
1	1,00000000	1,00000000	1,00000000	1,00000000	1,00000000
2	0,48875190	0,48862696	0,48850203	0,48837709	0,48825216
3	0,31845084	0,31828685	0,31812290	0,31795898	0,31779509
4	0,23338645	0,23320488	0,23302339	0,23284196	0,23266060
5	0,18241663	0,18222607	0,18203561	0,18184526	0,18165503
6	0,14849400	0,14829872	0,14810359	0,14790862	0,14771379
7	0,12431250	0,12411496	0,12391760	0,12372044	0,12352347
8	0,10621910	0,10602081	0,10582276	0,10562493	0,10542734
9	0,09218432	0,09198630	0,09178855	0,09159107	0,09139387
10	0,08099045	0,08079340	0,08059666	0,08040023	0,08020412
11	0,07186259	0,07166700	0,07147178	0,07127691	0,07108240
12	0,06428410	0,06409037	0,06389703	0,06370409	0,06351154
13	0,05789734	0,05770573	0,05751456	0,05732382	0,05713352
14	0,05244679	0,05225753	0,05206874	0,05188043	0,05169259
15	0,04774511	0,04755836	0,04737212	0,04718640	0,04700119
16	0,04365175	0,04346764	0,04328409	0,04310108	0,04291863
17	0,04005926	0,03987789	0,03969712	0,03951693	0,03933733
18	0,03688402	0,03670548	0,03652756	0,03635028	0,03617361
19	0,03406004	0,03388438	0,03370939	0,03353506	0,03336139
20	0,03153450	0,03136179	0,03118976	0,03101844	0,03084781
21	0,02926467	0,02909492	0,02892590	0,02875762	0,02859006
22	0,02721554	0,02704879	0,02688280	0,02671758	0,02655311
23	0,02535822	0,02519448	0,02503154	0,02486939	0,02470804
24	0,02366861	0,02350789	0,02334801	0,02318895	0,02303071
25	0,02212647	0,02196879	0,02181196	0,02165598	0,02150086
26	0,02071468	0,02056002	0,02040624	0,02025336	0,02010135
27	0,01941863	0,01926699	0,01911627	0,01896646	0,01881755
28	0,01822581	0,01807719	0,01792950	0,01778275	0,01763694
29	0,01712544	0,01697981	0,01683515	0,01669145	0,01654872
30	0,01610816	0,01596551	0,01582385	0,01568319	0,01554351
31	0,01516581	0,01502613	0,01488746	0,01474980	0,01461315
32	0,01429128	0,01415453	0,01401883	0,01388415	0,01375051
33	0,01347828	0,01334445	0,01321168	0,01307997	0,01294931
34	0,01272129	0,01259035	0,01246049	0,01233171	0,01220399
35	0,01201539	0,01188731	0,01176034	0,01163445	0,01150966
36	0,01135624	0,01123099	0,01110687	0,01098385	0,01086195
37	0,01073994	0,01061749	0,01049619	0,01037601	0,01025695
38	0,01016301	0,01004333	0,00992481	0,00980743	0,00969119
39	0,00962232	0,00950538	0,00938961	0,00927499	0,00916153
40	0,00911506	0,00900083	0,00888777	0,00877588	0,00866516

Zins	4,75	4,80	4,85	4,90	4,95
Jahre					
1	1,00000000	1,00000000	1,00000000	1,00000000	1,00000000
2	0,48812723	0,48800230	0,48787738	0,48775245	0,48762753
3	0,31763123	0,31746740	0,31730361	0,31713984	0,31697611
4	0,23247931	0,23229808	0,23211693	0,23193584	0,23175483
5	0,18146489	0,18127487	0,18108496	0,18089516	0,18070546
6	0,14751911	0,14732458	0,14713020	0,14693597	0,14674189
7	0,12332669	0,12313010	0,12293371	0,12273750	0,12254148
8	0,10522999	0,10503286	0,10483597	0,10463931	0,10444288
9	0,09119695	0,09100030	0,09080392	0,09060781	0,09041198
10	0,08000833	0,07981285	0,07961769	0,07942284	0,07922831
11	0,07088824	0,07069444	0,07050099	0,07030790	0,07011517
12	0,06331939	0,06312764	0,06293628	0,06274532	0,06255475
13	0,05694366	0,05675423	0,05656524	0,05637669	0,05618857
14	0,05150523	0,05131834	0,05113193	0,05094599	0,05076053
15	0,04681649	0,04663231	0,04644864	0,04626548	0,04608284
16	0,04273673	0,04255538	0,04237458	0,04219433	0,04201463
17	0,03915833	0,03897991	0,03880207	0,03862483	0,03844817
18	0,03599758	0,03582216	0,03564737	0,03547321	0,03529966
19	0,03318839	0,03301604	0,03284435	0,03267331	0,03250294
20	0,03067787	0,03050863	0,03034008	0,03017223	0,03000506
21	0,02842323	0,02825712	0,02809175	0,02792710	0,02776317
22	0,02638941	0,02622647	0,02606428	0,02590285	0,02574218
23	0,02454748	0,02438770	0,02422872	0,02407053	0,02391312
24	0,02287330	0,02271670	0,02256093	0,02240597	0,02225183
25	0,02134660	0,02119318	0,02104061	0,02088889	0,02073801
26	0,01995023	0,01979998	0,01965061	0,01950211	0,01935448
27	0,01866956	0,01852247	0,01837628	0,01823100	0,01808661
28	0,01749207	0,01734812	0,01720510	0,01706301	0,01692184
29	0,01640694	0,01626612	0,01612625	0,01598733	0,01584935
30	0,01540481	0,01526709	0,01513035	0,01499457	0,01485977
31	0,01447751	0,01434287	0,01420922	0,01407657	0,01394491
32	0,01361790	0,01348631	0,01335573	0,01322617	0,01309762
33	0,01281969	0,01269112	0,01256358	0,01243708	0,01231160
34	0,01207735	0,01195176	0,01182723	0,01170375	0,01158132
35	0,01138595	0,01126332	0,01114176	0,01102127	0,01090184
36	0,01074114	0,01062143	0,01050280	0,01038526	0,01026880
37	0,01013901	0,01002218	0,00990645	0,00979182	0,00967828
38	0,00957608	0,00946209	0,00934922	0,00923746	0,00912680
39	0,00904921	0,00893803	0,00882798	0,00871905	0,00861123
40	0,00855559	0,00844718	0,00833990	0,00823375	0,00812873

Zins	5,00	5,05	5,10	5,15	5,20
Jahre					
1	1,00000000	1,00000000	1,00000000	1,00000000	1,00000000
2	0,48750260	0,48737768	0,48725276	0,48712784	0,48700293
3	0,31681241	0,31664874	0,31648510	0,31632150	0,31615793
4	0,23157388	0,23139301	0,23121220	0,23103146	0,23085079
5	0,18051587	0,18032640	0,18013703	0,17994777	0,17975862
6	0,14654797	0,14635419	0,14616056	0,14596708	0,14577375
7	0,12234566	0,12215003	0,12195459	0,12175934	0,12156428
8	0,10424669	0,10405073	0,10385500	0,10365951	0,10346425
9	0,09021643	0,09002115	0,08982614	0,08963141	0,08943696
10	0,07903409	0,07884019	0,07864660	0,07845333	0,07826038
11	0,06992279	0,06973077	0,06953910	0,06934779	0,06915684
12	0,06236458	0,06217481	0,06198543	0,06179645	0,06160787
13	0,05600088	0,05581364	0,05562682	0,05544045	0,05525451
14	0,05057555	0,05039103	0,05020699	0,05002343	0,04984034
15	0,04590071	0,04571909	0,04553799	0,04535740	0,04517731
16	0,04183548	0,04165688	0,04147883	0,04130133	0,04112438
17	0,03827210	0,03809661	0,03792171	0,03774740	0,03757366
18	0,03512674	0,03495444	0,03478276	0,03461169	0,03444125
19	0,03233322	0,03216415	0,03199575	0,03182799	0,03166089
20	0,02983858	0,02967280	0,02950770	0,02934328	0,02917956
21	0,02759996	0,02743747	0,02727571	0,02711466	0,02695433
22	0,02558226	0,02542309	0,02526468	0,02510701	0,02495009
23	0,02375649	0,02360065	0,02344559	0,02329131	0,02313780
24	0,02209850	0,02194598	0,02179427	0,02164337	0,02149328
25	0,02058797	0,02043877	0,02029040	0,02014288	0,01999618
26	0,01920772	0,01906182	0,01891679	0,01877262	0,01862931
27	0,01794311	0,01780050	0,01765879	0,01751796	0,01737801
28	0,01678158	0,01664225	0,01650382	0,01636631	0,01622970
29	0,01571232	0,01557622	0,01544106	0,01530684	0,01517354
30	0,01472593	0,01459305	0,01446112	0,01433015	0,01420013
31	0,01381423	0,01368453	0,01355581	0,01342806	0,01330128
32	0,01297007	0,01284352	0,01271797	0,01259341	0,01246983
33	0,01218715	0,01206372	0,01194129	0,01181988	0,01169947
34	0,01145992	0,01133956	0,01122024	0,01110193	0,01098464
35	0,01078347	0,01066614	0,01054986	0,01043462	0,01032042
36	0,01015340	0,01003907	0,00992580	0,00981358	0,00970241
37	0,00956583	0,00945445	0,00934414	0,00923490	0,00912672
38	0,00901724	0,00890877	0,00880139	0,00869507	0,00858983
39	0,00850452	0,00839891	0,00829440	0,00819097	0,00808861
40	0,00802483	0,00792204	0,00782035	0,00771975	0,00762024

Zins	5,25	5,30	5,35	5,40	5,45
Jahre					
1	1,00000000	1,00000000	1,00000000	1,00000000	1,00000000
2	0,48687801	0,48675310	0,48662819	0,48650328	0,48637837
3	0,31599439	0,31583088	0,31566740	0,31550396	0,31534055
4	0,23067019	0,23048966	0,23030920	0,23012880	0,22994848
5	0,17956958	0,17938065	0,17919183	0,17900311	0,17881451
6	0,14558057	0,14538754	0,14519467	0,14500194	0,14480937
7	0,12136942	0,12117475	0,12098027	0,12078598	0,12059188
8	0,10326922	0,10307442	0,10287986	0,10268554	0,10249145
9	0,08924277	0,08904887	0,08885523	0,08866188	0,08846879
10	0,07806774	0,07787542	0,07768341	0,07749172	0,07730034
11	0,06896624	0,06877600	0,06858612	0,06839659	0,06820742
12	0,06141968	0,06123189	0,06104449	0,06085749	0,06067089
13	0,05506900	0,05488393	0,05469929	0,05451509	0,05433133
14	0,04965772	0,04947558	0,04929391	0,04911271	0,04893198
15	0,04499774	0,04481868	0,04464013	0,04446209	0,04428457
16	0,04094798	0,04077212	0,04059681	0,04042204	0,04024783
17	0,03740052	0,03722795	0,03705597	0,03688457	0,03671375
18	0,03427143	0,03410222	0,03393363	0,03376566	0,03359831
19	0,03149444	0,03132864	0,03116349	0,03099899	0,03083514
20	0,02901652	0,02885416	0,02869248	0,02853149	0,02837118
21	0,02679472	0,02663582	0,02647764	0,02632017	0,02616341
22	0,02479392	0,02463849	0,02448381	0,02432987	0,02417667
23	0,02298508	0,02283312	0,02268194	0,02253153	0,02238189
24	0,02134399	0,02119550	0,02104781	0,02090092	0,02075483
25	0,01985032	0,01970528	0,01956107	0,01941769	0,01927513
26	0,01848686	0,01834526	0,01820451	0,01806461	0,01792555
27	0,01723894	0,01710075	0,01696344	0,01682700	0,01669142
28	0,01609399	0,01595919	0,01582528	0,01569226	0,01556014
29	0,01504116	0,01490971	0,01477917	0,01464955	0,01452085
30	0,01407105	0,01394292	0,01381572	0,01368946	0,01356412
31	0,01317547	0,01305061	0,01292671	0,01280377	0,01268177
32	0,01234724	0,01222562	0,01210498	0,01198531	0,01186660
33	0,01158006	0,01146165	0,01134422	0,01122777	0,01111231
34	0,01086837	0,01075311	0,01063885	0,01052559	0,01041332
35	0,01020724	0,01009508	0,00998394	0,00987381	0,00976469
36	0,00959228	0,00948318	0,00937511	0,00926807	0,00916204
37	0,00901958	0,00891350	0,00880845	0,00870443	0,00860144
38	0,00848565	0,00838252	0,00828044	0,00817940	0,00807940
39	0,00798733	0,00788711	0,00778795	0,00768984	0,00759277
40	0,00752181	0,00742445	0,00732815	0,00723290	0,00713871

Zins	5,50	5,55	5,60	5,65	5,70
Jahre					
1	1,00000000	1,00000000	1,00000000	1,00000000	1,00000000
2	0,48625347	0,48612856	0,48600366	0,48587876	0,48575386
3	0,31517717	0,31501382	0,31485050	0,31468722	0,31452397
4	0,22976823	0,22958805	0,22940793	0,22922789	0,22904792
5	0,17862602	0,17843764	0,17824936	0,17806120	0,17787315
6	0,14461694	0,14442467	0,14423254	0,14404057	0,14384875
7	0,12039798	0,12020427	0,12001075	0,11981742	0,11962429
8	0,10229759	0,10210396	0,10191057	0,10171741	0,10152449
9	0,08827599	0,08808346	0,08789120	0,08769922	0,08750751
10	0,07710928	0,07691854	0,07672811	0,07653800	0,07634821
11	0,06801860	0,06783014	0,06764204	0,06745429	0,06726690
12	0,06048468	0,06029887	0,06011345	0,05992843	0,05974380
13	0,05414799	0,05396510	0,05378263	0,05360061	0,05341901
14	0,04875173	0,04857195	0,04839265	0,04821381	0,04803545
15	0,04410755	0,04393104	0,04375504	0,04357954	0,04340456
16	0,04007416	0,03990103	0,03972845	0,03955641	0,03938492
17	0,03654351	0,03637386	0,03620478	0,03603628	0,03586836
18	0,03343156	0,03326544	0,03309992	0,03293502	0,03277073
19	0,03067194	0,03050939	0,03034748	0,03018622	0,03002560
20	0,02821154	0,02805259	0,02789431	0,02773671	0,02757978
21	0,02600736	0,02585202	0,02569739	0,02554346	0,02539024
22	0,02402421	0,02387249	0,02372150	0,02357125	0,02342174
23	0,02223301	0,02208490	0,02193756	0,02179098	0,02164516
24	0,02060953	0,02046502	0,02032130	0,02017837	0,02003623
25	0,01913338	0,01899246	0,01885234	0,01871305	0,01857456
26	0,01778734	0,01764997	0,01751344	0,01737775	0,01724288
27	0,01655672	0,01642287	0,01628989	0,01615776	0,01602649
28	0,01542890	0,01529855	0,01516908	0,01504049	0,01491277
29	0,01439304	0,01426615	0,01414015	0,01401505	0,01389084
30	0,01343972	0,01331623	0,01319367	0,01307201	0,01295127
31	0,01256071	0,01244060	0,01232142	0,01220316	0,01208584
32	0,01174885	0,01163206	0,01151621	0,01140131	0,01128735
33	0,01099782	0,01088429	0,01077174	0,01066014	0,01054949
34	0,01030203	0,01019173	0,01008241	0,00997405	0,00986666
35	0,00965656	0,00954943	0,00944328	0,00933812	0,00923393
36	0,00905701	0,00895300	0,00884997	0,00874794	0,00864690
37	0,00849947	0,00839851	0,00829855	0,00819960	0,00810163
38	0,00798042	0,00788246	0,00778552	0,00768958	0,00759464
39	0,00749673	0,00740171	0,00730772	0,00721473	0,00712275
40	0,00704555	0,00695342	0,00686232	0,00677223	0,00668314

Zins	5,75	5,80	5,85	5,90	5,95
Jahre					
1	1,00000000	1,00000000	1,00000000	1,00000000	1,00000000
2	0,48562896	0,48550406	0,48537917	0,48525428	0,48512939
3	0,31436075	0,31419756	0,31403441	0,31387129	0,31370820
4	0,22886801	0,22868818	0,22850842	0,22832872	0,22814910
5	0,17768521	0,17749737	0,17730965	0,17712204	0,17693454
6	0,14365708	0,14346557	0,14327420	0,14308299	0,14289192
7	0,11943135	0,11923860	0,11904605	0,11885369	0,11866152
8	0,10133180	0,10113935	0,10094713	0,10075515	0,10056340
9	0,08731608	0,08712493	0,08693405	0,08674344	0,08655312
10	0,07615873	0,07596956	0,07578072	0,07559218	0,07540397
11	0,06707987	0,06689319	0,06670687	0,06652090	0,06633529
12	0,05955957	0,05937574	0,05919230	0,05900925	0,05882660
13	0,05323785	0,05305712	0,05287683	0,05269697	0,05251754
14	0,04785755	0,04768013	0,04750318	0,04732671	0,04715070
15	0,04323008	0,04305612	0,04288266	0,04270970	0,04253726
16	0,03921397	0,03904357	0,03887370	0,03870438	0,03853560
17	0,03570102	0,03553425	0,03536807	0,03520246	0,03503742
18	0,03260706	0,03244399	0,03228153	0,03211968	0,03195844
19	0,02986562	0,02970629	0,02954759	0,02938954	0,02923213
20	0,02742353	0,02726795	0,02711304	0,02695881	0,02680524
21	0,02523772	0,02508591	0,02493479	0,02478437	0,02463466
22	0,02327295	0,02312489	0,02297757	0,02283097	0,02268509
23	0,02150009	0,02135578	0,02121223	0,02106943	0,02092738
24	0,01989487	0,01975429	0,01961449	0,01947547	0,01933722
25	0,01843688	0,01830000	0,01816393	0,01802865	0,01789418
26	0,01710885	0,01697565	0,01684327	0,01671171	0,01658097
27	0,01589607	0,01576650	0,01563778	0,01550989	0,01538285
28	0,01478593	0,01465995	0,01453483	0,01441058	0,01428718
29	0,01376753	0,01364509	0,01352354	0,01340287	0,01328308
30	0,01283144	0,01271250	0,01259447	0,01247733	0,01236108
31	0,01196944	0,01185395	0,01173938	0,01162572	0,01151296
32	0,01117433	0,01106224	0,01095107	0,01084083	0,01073150
33	0,01043979	0,01033104	0,01022322	0,01011634	0,01001038
34	0,00976023	0,00965476	0,00955023	0,00944665	0,00934400
35	0,00913071	0,00902846	0,00892716	0,00882681	0,00872741
36	0,00854683	0,00844773	0,00834960	0,00825243	0,00815621
37	0,00800466	0,00790866	0,00781363	0,00771956	0,00762646
38	0,00750069	0,00740772	0,00731573	0,00722471	0,00713465
39	0,00703177	0,00694177	0,00685275	0,00676471	0,00667763
40	0,00659506	0,00650797	0,00642186	0,00633673	0,00625256

Zins	6,00	6,05	6,10	6,15	6,20
Jahre					
1	1,00000000	1,00000000	1,00000000	1,00000000	1,00000000
2	0,48500450	0,48487961	0,48475473	0,48462984	0,48450496
3	0,31354514	0,31338212	0,31321913	0,31305617	0,31289325
4	0,22796955	0,22779007	0,22761066	0,22743131	0,22725204
5	0,17674715	0,17655987	0,17637270	0,17618564	0,17599869
6	0,14270101	0,14251025	0,14231965	0,14212919	0,14193889
7	0,11846954	0,11827776	0,11808617	0,11789478	0,11770358
8	0,10037188	0,10018060	0,09998955	0,09979874	0,09960817
9	0,08636306	0,08617329	0,08598379	0,08579456	0,08560561
10	0,07521607	0,07502849	0,07484122	0,07465427	0,07446764
11	0,06615004	0,06596514	0,06578060	0,06559641	0,06541258
12	0,05864435	0,05846249	0,05828102	0,05809995	0,05791928
13	0,05233855	0,05215999	0,05198186	0,05180417	0,05162691
14	0,04697516	0,04680009	0,04662549	0,04645136	0,04627770
15	0,04236532	0,04219388	0,04202295	0,04185253	0,04168261
16	0,03836736	0,03819967	0,03803251	0,03786589	0,03769981
17	0,03487296	0,03470907	0,03454576	0,03438302	0,03422085
18	0,03179781	0,03163778	0,03147836	0,03131954	0,03116133
19	0,02907536	0,02891922	0,02876372	0,02860885	0,02845462
20	0,02665234	0,02650011	0,02634854	0,02619764	0,02604740
21	0,02448563	0,02433731	0,02418967	0,02404273	0,02389648
22	0,02253994	0,02239551	0,02225180	0,02210880	0,02196653
23	0,02078608	0,02064553	0,02050572	0,02036666	0,02022833
24	0,01919975	0,01906305	0,01892711	0,01879194	0,01865754
25	0,01776050	0,01762762	0,01749552	0,01736422	0,01723369
26	0,01645105	0,01632194	0,01619364	0,01606616	0,01593947
27	0,01525664	0,01513127	0,01500672	0,01488301	0,01476011
28	0,01416464	0,01404295	0,01392211	0,01380211	0,01368296
29	0,01316415	0,01304610	0,01292890	0,01281257	0,01269709
30	0,01224572	0,01213123	0,01201763	0,01190490	0,01179304
31	0,01140110	0,01129013	0,01118006	0,01107087	0,01096257
32	0,01062309	0,01051558	0,01040897	0,01030326	0,01019845
33	0,00990535	0,00980123	0,00969803	0,00959573	0,00949434
34	0,00924229	0,00914150	0,00904164	0,00894268	0,00884464
35	0,00862895	0,00853143	0,00843483	0,00833915	0,00824439
36	0,00806094	0,00796660	0,00787320	0,00778073	0,00768918
37	0,00753431	0,00744310	0,00735283	0,00726349	0,00717508
38	0,00704555	0,00695740	0,00687019	0,00678391	0,00669856
39	0,00659151	0,00650635	0,00642212	0,00633883	0,00625647
40	0,00616936	0,00608710	0,00600579	0,00592542	0,00584597

Zins	6,25	6,30	6,35	6,40	6,45
Jahre					
1	1,00000000	1,00000000	1,00000000	1,00000000	1,00000000
2	0,48438008	0,48425521	0,48413033	0,48400546	0,48388059
3	0,31273035	0,31256749	0,31240467	0,31224187	0,31207911
4	0,22707284	0,22689371	0,22671465	0,22653567	0,22635675
5	0,17581185	0,17562513	0,17543851	0,17525201	0,17506562
6	0,14174874	0,14155874	0,14136889	0,14117920	0,14098966
7	0,11751257	0,11732176	0,11713114	0,11694071	0,11675048
8	0,09941783	0,09922772	0,09903785	0,09884822	0,09865882
9	0,08541694	0,08522854	0,08504042	0,08485258	0,08466501
10	0,07428132	0,07409532	0,07390964	0,07372427	0,07353922
11	0,06522910	0,06504598	0,06486322	0,06468081	0,06449876
12	0,05773900	0,05755911	0,05737962	0,05720052	0,05702181
13	0,05145008	0,05127368	0,05109771	0,05092218	0,05074707
14	0,04610451	0,04593179	0,04575953	0,04558774	0,04541643
15	0,04151319	0,04134428	0,04117587	0,04100797	0,04084057
16	0,03753427	0,03736927	0,03720481	0,03704088	0,03687749
17	0,03405925	0,03389822	0,03373777	0,03357788	0,03341856
18	0,03100372	0,03084671	0,03069030	0,03053450	0,03037929
19	0,02830102	0,02814806	0,02799572	0,02784402	0,02769294
20	0,02589782	0,02574891	0,02560065	0,02545305	0,02530611
21	0,02375092	0,02360605	0,02346186	0,02331836	0,02317554
22	0,02182497	0,02168412	0,02154399	0,02140456	0,02126584
23	0,02009075	0,01995390	0,01981779	0,01968241	0,01954776
24	0,01852390	0,01839102	0,01825889	0,01812753	0,01799691
25	0,01710396	0,01697500	0,01684682	0,01671942	0,01659279
26	0,01581359	0,01568851	0,01556423	0,01544074	0,01531804
27	0,01463804	0,01451679	0,01439635	0,01427672	0,01415789
28	0,01356464	0,01344715	0,01333049	0,01321467	0,01309966
29	0,01258246	0,01246868	0,01235575	0,01224366	0,01213240
30	0,01168205	0,01157191	0,01146264	0,01135421	0,01124664
31	0,01085514	0,01074858	0,01064290	0,01053807	0,01043411
32	0,01009452	0,00999148	0,00988931	0,00978801	0,00968759
33	0,00939384	0,00929424	0,00919552	0,00909768	0,00900071
34	0,00874751	0,00865127	0,00855592	0,00846146	0,00836788
35	0,00815054	0,00805760	0,00796555	0,00787439	0,00778412
36	0,00759855	0,00750882	0,00741999	0,00733206	0,00724502
37	0,00708758	0,00700100	0,00691532	0,00683054	0,00674665
38	0,00661413	0,00653061	0,00644800	0,00636629	0,00628547
39	0,00617503	0,00609450	0,00601488	0,00593616	0,00585833
40	0,00576745	0,00568984	0,00561313	0,00553732	0,00546239

Zins	6,50	6,55	6,60	6,65	6,70
Jahre					
1	1,00000000	1,00000000	1,00000000	1,00000000	1,00000000
2	0,48375572	0,48363085	0,48350599	0,48338112	0,48325626
3	0,31191638	0,31175369	0,31159103	0,31142840	0,31126580
4	0,22617790	0,22599913	0,22582042	0,22564179	0,22546323
5	0,17487934	0,17469317	0,17450711	0,17432116	0,17413532
6	0,14080027	0,14061103	0,14042195	0,14023302	0,14004424
7	0,11656044	0,11637060	0,11618095	0,11599150	0,11580223
8	0,09846965	0,09828072	0,09809203	0,09790357	0,09771535
9	0,08447772	0,08429070	0,08410396	0,08391750	0,08373131
10	0,07335448	0,07317006	0,07298596	0,07280217	0,07261870
11	0,06431707	0,06413573	0,06395474	0,06377411	0,06359384
12	0,05684350	0,05666559	0,05648807	0,05631094	0,05613420
13	0,05057240	0,05039816	0,05022435	0,05005097	0,04987802
14	0,04524557	0,04507519	0,04490527	0,04473582	0,04456683
15	0,04067367	0,04050727	0,04034137	0,04017597	0,04001108
16	0,03671463	0,03655231	0,03639052	0,03622927	0,03606855
17	0,03325981	0,03310163	0,03294401	0,03278696	0,03263047
18	0,03022468	0,03007067	0,02991726	0,02976444	0,02961222
19	0,02754249	0,02739267	0,02724348	0,02709490	0,02694696
20	0,02515982	0,02501419	0,02486921	0,02472488	0,02458120
21	0,02303340	0,02289195	0,02275117	0,02261107	0,02247164
22	0,02112783	0,02099053	0,02085392	0,02071802	0,02058281
23	0,01941385	0,01928065	0,01914819	0,01901645	0,01888542
24	0,01786704	0,01773793	0,01760956	0,01748193	0,01735504
25	0,01646693	0,01634183	0,01621751	0,01609394	0,01597113
26	0,01519613	0,01507501	0,01495467	0,01483511	0,01471632
27	0,01403988	0,01392266	0,01380625	0,01369063	0,01357580
28	0,01298547	0,01287210	0,01275954	0,01264779	0,01253685
29	0,01202198	0,01191238	0,01180361	0,01169567	0,01158853
30	0,01113991	0,01103402	0,01092896	0,01082474	0,01072135
31	0,01033100	0,01022874	0,01012733	0,01002676	0,00992702
32	0,00958803	0,00948932	0,00939147	0,00929447	0,00919831
33	0,00890462	0,00880939	0,00871502	0,00862151	0,00852885
34	0,00827518	0,00818335	0,00809238	0,00800227	0,00791302
35	0,00769474	0,00760622	0,00751857	0,00743179	0,00734586
36	0,00715887	0,00707359	0,00698918	0,00690563	0,00682294
37	0,00666364	0,00658151	0,00650025	0,00641986	0,00634032
38	0,00620553	0,00612647	0,00604828	0,00597096	0,00589449
39	0,00578138	0,00570531	0,00563011	0,00555576	0,00548228
40	0,00538835	0,00531519	0,00524288	0,00517144	0,00510085

Zins	6,75	6,80	6,85	6,90	6,95
Jahre					
1	1,00000000	1,00000000	1,00000000	1,00000000	1,00000000
2	0,48313140	0,48300655	0,48288169	0,48275684	0,48263199
3	0,31110324	0,31094071	0,31077821	0,31061575	0,31045332
4	0,22528474	0,22510632	0,22492797	0,22474969	0,22457148
5	0,17394960	0,17376399	0,17357849	0,17339310	0,17320782
6	0,13985562	0,13966715	0,13947883	0,13929066	0,13910265
7	0,11561317	0,11542430	0,11523562	0,11504714	0,11485885
8	0,09752736	0,09733961	0,09715209	0,09696482	0,09677777
9	0,08354540	0,08335977	0,08317441	0,08298933	0,08280452
10	0,07243555	0,07225271	0,07207019	0,07188799	0,07170610
11	0,06341392	0,06323435	0,06305515	0,06287629	0,06269779
12	0,05595786	0,05578191	0,05560635	0,05543119	0,05525642
13	0,04970550	0,04953341	0,04936175	0,04919052	0,04901972
14	0,04439831	0,04423026	0,04406267	0,04389554	0,04372888
15	0,03984668	0,03968279	0,03951939	0,03935649	0,03919409
16	0,03590836	0,03574871	0,03558959	0,03543099	0,03527293
17	0,03247455	0,03231919	0,03216439	0,03201016	0,03185648
18	0,02946059	0,02930955	0,02915911	0,02900926	0,02885999
19	0,02679963	0,02665293	0,02650684	0,02636138	0,02621653
20	0,02443817	0,02429579	0,02415406	0,02401297	0,02387252
21	0,02233289	0,02219481	0,02205740	0,02192066	0,02178458
22	0,02044831	0,02031449	0,02018138	0,02004895	0,01991721
23	0,01875512	0,01862553	0,01849666	0,01836850	0,01824106
24	0,01722889	0,01710348	0,01697880	0,01685486	0,01673164
25	0,01584909	0,01572779	0,01560725	0,01548745	0,01536841
26	0,01459831	0,01448107	0,01436460	0,01424889	0,01413394
27	0,01346175	0,01334850	0,01323602	0,01312433	0,01301341
28	0,01242671	0,01231737	0,01220882	0,01210106	0,01199409
29	0,01148222	0,01137671	0,01127201	0,01116810	0,01106500
30	0,01061878	0,01051703	0,01041609	0,01031596	0,01021664
31	0,00982812	0,00973004	0,00963278	0,00953634	0,00944072
32	0,00910299	0,00900850	0,00891484	0,00882200	0,00872999
33	0,00843702	0,00834604	0,00825589	0,00816657	0,00807807
34	0,00782461	0,00773705	0,00765032	0,00756442	0,00747935
35	0,00726078	0,00717654	0,00709315	0,00701058	0,00692884
36	0,00674110	0,00666011	0,00657995	0,00650063	0,00642213
37	0,00626164	0,00618380	0,00610679	0,00603062	0,00595527
38	0,00581887	0,00574409	0,00567015	0,00559704	0,00552474
39	0,00540963	0,00533783	0,00526686	0,00519672	0,00512739
40	0,00503110	0,00496218	0,00489409	0,00482682	0,00476037

Zins	7,00	7,05	7,10	7,15	7,20
Jahre					
1	1,00000000	1,00000000	1,00000000	1,00000000	1,00000000
2	0,48250714	0,48238230	0,48225745	0,48213261	0,48200777
3	0,31029092	0,31012856	0,30996623	0,30980394	0,30964167
4	0,22439335	0,22421529	0,22403730	0,22385938	0,22368153
5	0,17302266	0,17283761	0,17265267	0,17246784	0,17228312
6	0,13891479	0,13872709	0,13853954	0,13835214	0,13816489
7	0,11467076	0,11448286	0,11429516	0,11410765	0,11392034
8	0,09659097	0,09640439	0,09621806	0,09603196	0,09584610
9	0,08261999	0,08243574	0,08225177	0,08206807	0,08188465
10	0,07152453	0,07134327	0,07116233	0,07098170	0,07080140
11	0,06251965	0,06234186	0,06216443	0,06198735	0,06181062
12	0,05508204	0,05490806	0,05473446	0,05456126	0,05438845
13	0,04884934	0,04867940	0,04850988	0,04834080	0,04817214
14	0,04356268	0,04339695	0,04323168	0,04306687	0,04290253
15	0,03903218	0,03887078	0,03870987	0,03854945	0,03838954
16	0,03511540	0,03495840	0,03480192	0,03464597	0,03449055
17	0,03170337	0,03155082	0,03139882	0,03124738	0,03109650
18	0,02871132	0,02856323	0,02841573	0,02826882	0,02812249
19	0,02607229	0,02592868	0,02578567	0,02564328	0,02550150
20	0,02373271	0,02359355	0,02345502	0,02331713	0,02317988
21	0,02164918	0,02151443	0,02138035	0,02124693	0,02111417
22	0,01978616	0,01965580	0,01952612	0,01939712	0,01926881
23	0,01811431	0,01798828	0,01786295	0,01773832	0,01761439
24	0,01660915	0,01648739	0,01636634	0,01624602	0,01612641
25	0,01525010	0,01513254	0,01501572	0,01489963	0,01478427
26	0,01401975	0,01390632	0,01379364	0,01368171	0,01357053
27	0,01290326	0,01279388	0,01268527	0,01257741	0,01247032
28	0,01188790	0,01178249	0,01167786	0,01157400	0,01147091
29	0,01096269	0,01086117	0,01076043	0,01066048	0,01056130
30	0,01011812	0,01002040	0,00992347	0,00982733	0,00973198
31	0,00934590	0,00925189	0,00915868	0,00906626	0,00897463
32	0,00863878	0,00854839	0,00845880	0,00837001	0,00828201
33	0,00799039	0,00790352	0,00781746	0,00773219	0,00764773
34	0,00739509	0,00731165	0,00722902	0,00714719	0,00706616
35	0,00684792	0,00676782	0,00668852	0,00661003	0,00653233
36	0,00634445	0,00626759	0,00619153	0,00611627	0,00604181
37	0,00588074	0,00580702	0,00573410	0,00566199	0,00559066
38	0,00545326	0,00538259	0,00531272	0,00524365	0,00517536
39	0,00505887	0,00499115	0,00492423	0,00485810	0,00479275
40	0,00469471	0,00462986	0,00456579	0,00450251	0,00444000

Zins	7,25	7,30	7,35	7,40	7,45
Jahre					
1	1,00000000	1,00000000	1,00000000	1,00000000	1,00000000
2	0,48188293	0,48175810	0,48163327	0,48150844	0,48138361
3	0,30947944	0,30931725	0,30915509	0,30899296	0,30883086
4	0,22350375	0,22332605	0,22314842	0,22297086	0,22279337
5	0,17209852	0,17191403	0,17172965	0,17154538	0,17136123
6	0,13797780	0,13779087	0,13760408	0,13741746	0,13723098
7	0,11373322	0,11354630	0,11335958	0,11317304	0,11298671
8	0,09566047	0,09547508	0,09528993	0,09510501	0,09492033
9	0,08170150	0,08151863	0,08133604	0,08115372	0,08097169
10	0,07062140	0,07044173	0,07026237	0,07008333	0,06990460
11	0,06163425	0,06145824	0,06128258	0,06110727	0,06093232
12	0,05421603	0,05404401	0,05387237	0,05370113	0,05353028
13	0,04800390	0,04783610	0,04766872	0,04750177	0,04733525
14	0,04273864	0,04257522	0,04241226	0,04224976	0,04208772
15	0,03823011	0,03807118	0,03791275	0,03775481	0,03759736
16	0,03433566	0,03418129	0,03402745	0,03387413	0,03372134
17	0,03094617	0,03079640	0,03064719	0,03049853	0,03035042
18	0,02797675	0,02783159	0,02768701	0,02754301	0,02739960
19	0,02536034	0,02521978	0,02507982	0,02494048	0,02480174
20	0,02304326	0,02290728	0,02277193	0,02263720	0,02250311
21	0,02098207	0,02085062	0,02071983	0,02058968	0,02046019
22	0,01914117	0,01901421	0,01888792	0,01876230	0,01863736
23	0,01749116	0,01736862	0,01724678	0,01712562	0,01700516
24	0,01600752	0,01588934	0,01577186	0,01565510	0,01553904
25	0,01466964	0,01455574	0,01444257	0,01433011	0,01421837
26	0,01346009	0,01335038	0,01324142	0,01313319	0,01302569
27	0,01236398	0,01225840	0,01215356	0,01204946	0,01194611
28	0,01136859	0,01126702	0,01116622	0,01106616	0,01096686
29	0,01046290	0,01036527	0,01026840	0,01017230	0,01007695
30	0,00963740	0,00954360	0,00945058	0,00935832	0,00926682
31	0,00888379	0,00879373	0,00870444	0,00861592	0,00852818
32	0,00819480	0,00810837	0,00802273	0,00793785	0,00785375
33	0,00756405	0,00748116	0,00739905	0,00731771	0,00723715
34	0,00698592	0,00690646	0,00682779	0,00674988	0,00667275
35	0,00645542	0,00637930	0,00630395	0,00622938	0,00615557
36	0,00596813	0,00589524	0,00582312	0,00575177	0,00568119
37	0,00552011	0,00545035	0,00538136	0,00531313	0,00524566
38	0,00510785	0,00504111	0,00497514	0,00490993	0,00484547
39	0,00472817	0,00466436	0,00460131	0,00453901	0,00447746
40	0,00437826	0,00431727	0,00425704	0,00419756	0,00413881

Zins	7,50	7,55	7,60	7,65	7,70
Jahre					
1	1,00000000	1,00000000	1,00000000	1,00000000	1,00000000
2	0,48125878	0,48113396	0,48100914	0,48088432	0,48075951
3	0,30866880	0,30850678	0,30834478	0,30818282	0,30802090
4	0,22261595	0,22243861	0,22226133	0,22208413	0,22190701
5	0,17117719	0,17099326	0,17080945	0,17062574	0,17044215
6	0,13704466	0,13685849	0,13667248	0,13648663	0,13630092
7	0,11280057	0,11261462	0,11242888	0,11224332	0,11205797
8	0,09473588	0,09455168	0,09436770	0,09418397	0,09400047
9	0,08078992	0,08060844	0,08042723	0,08024630	0,08006564
10	0,06972619	0,06954809	0,06937031	0,06919285	0,06901570
11	0,06075772	0,06058347	0,06040958	0,06023604	0,06006286
12	0,05335981	0,05318974	0,05302006	0,05285077	0,05268187
13	0,04716915	0,04700348	0,04683823	0,04667341	0,04650901
14	0,04192615	0,04176503	0,04160437	0,04144417	0,04128442
15	0,03744040	0,03728394	0,03712796	0,03697248	0,03681749
16	0,03356906	0,03341731	0,03326608	0,03311538	0,03296519
17	0,03020286	0,03005585	0,02990939	0,02976348	0,02961813
18	0,02725676	0,02711449	0,02697281	0,02683170	0,02669117
19	0,02466360	0,02452607	0,02438914	0,02425281	0,02411707
20	0,02236965	0,02223681	0,02210459	0,02197300	0,02184203
21	0,02033135	0,02020316	0,02007561	0,01994870	0,01982244
22	0,01851308	0,01838947	0,01826652	0,01814424	0,01802262
23	0,01688538	0,01676628	0,01664787	0,01653013	0,01641307
24	0,01542368	0,01530902	0,01519506	0,01508179	0,01496921
25	0,01410735	0,01399705	0,01388745	0,01377856	0,01367037
26	0,01291892	0,01281288	0,01270755	0,01260295	0,01249906
27	0,01184350	0,01174162	0,01164047	0,01154005	0,01144035
28	0,01086831	0,01077050	0,01067343	0,01057709	0,01048148
29	0,00998235	0,00988851	0,00979540	0,00970304	0,00961142
30	0,00917608	0,00908610	0,00899686	0,00890837	0,00882062
31	0,00844119	0,00835496	0,00826948	0,00818475	0,00810077
32	0,00777041	0,00768782	0,00760600	0,00752492	0,00744458
33	0,00715735	0,00707830	0,00700001	0,00692247	0,00684568
34	0,00659638	0,00652077	0,00644591	0,00637179	0,00629842
35	0,00608253	0,00601023	0,00593869	0,00586789	0,00579783
36	0,00561136	0,00554228	0,00547395	0,00540635	0,00533949
37	0,00517894	0,00511297	0,00504773	0,00498323	0,00491946
38	0,00478175	0,00471878	0,00465654	0,00459502	0,00453422
39	0,00441665	0,00435657	0,00429721	0,00423857	0,00418064
40	0,00408079	0,00402350	0,00396692	0,00391105	0,00385589

Zins	7,75	7,80	7,85	7,90	7,95
Jahre					
1	1,00000000	1,00000000	1,00000000	1,00000000	1,00000000
2	0,48063469	0,48050988	0,48038507	0,48026027	0,48013546
3	0,30785901	0,30769715	0,30753533	0,30737354	0,30721178
4	0,22172995	0,22155297	0,22137606	0,22119922	0,22102245
5	0,17025868	0,17007531	0,16989207	0,16970893	0,16952591
6	0,13611537	0,13592998	0,13574474	0,13555966	0,13537473
7	0,11187280	0,11168784	0,11150307	0,11131850	0,11113412
8	0,09381721	0,09363419	0,09345140	0,09326885	0,09308653
9	0,07988526	0,07970516	0,07952534	0,07934579	0,07916652
10	0,06883886	0,06866235	0,06848615	0,06831026	0,06813469
11	0,05989003	0,05971755	0,05954543	0,05937366	0,05920224
12	0,05251336	0,05234524	0,05217751	0,05201016	0,05184321
13	0,04634504	0,04618149	0,04601837	0,04585567	0,04569339
14	0,04112514	0,04096631	0,04080794	0,04065003	0,04049257
15	0,03666298	0,03650897	0,03635544	0,03620240	0,03604985
16	0,03281552	0,03266637	0,03251774	0,03236962	0,03222202
17	0,02947331	0,02932905	0,02918533	0,02904215	0,02889952
18	0,02655121	0,02641182	0,02627300	0,02613475	0,02599707
19	0,02398194	0,02384740	0,02371345	0,02358010	0,02344735
20	0,02171167	0,02158194	0,02145282	0,02132432	0,02119643
21	0,01969681	0,01957182	0,01944748	0,01932376	0,01920068
22	0,01790165	0,01778134	0,01766169	0,01754268	0,01742433
23	0,01629669	0,01618098	0,01606594	0,01595156	0,01583786
24	0,01485733	0,01474613	0,01463561	0,01452577	0,01441662
25	0,01356289	0,01345611	0,01335002	0,01324462	0,01313991
26	0,01239588	0,01229341	0,01219165	0,01209059	0,01199023
27	0,01134138	0,01124312	0,01114558	0,01104875	0,01095262
28	0,01038661	0,01029245	0,01019902	0,01010630	0,01001430
29	0,00952053	0,00943037	0,00934094	0,00925222	0,00916423
30	0,00873361	0,00864733	0,00856178	0,00847695	0,00839284
31	0,00801752	0,00793501	0,00785322	0,00777216	0,00769182
32	0,00736498	0,00728612	0,00720799	0,00713058	0,00705389
33	0,00676961	0,00669429	0,00661969	0,00654581	0,00647265
34	0,00622578	0,00615387	0,00608269	0,00601222	0,00594247
35	0,00572850	0,00565990	0,00559201	0,00552484	0,00545838
36	0,00527335	0,00520794	0,00514324	0,00507924	0,00501595
37	0,00485640	0,00479406	0,00473243	0,00467150	0,00461126
38	0,00447414	0,00441476	0,00435608	0,00429810	0,00424080
39	0,00412342	0,00406689	0,00401105	0,00395590	0,00390143
40	0,00380142	0,00374763	0,00369453	0,00364210	0,00359033

Zins	8,00	8,05	8,10	8,15	8,20
Jahre					
1	1,00000000	1,00000000	1,00000000	1,00000000	1,00000000
2	0,48001066	0,47988586	0,47976106	0,47963627	0,47951148
3	0,30705006	0,30688837	0,30672672	0,30656510	0,30640352
4	0,22084576	0,22066914	0,22049259	0,22031612	0,22013972
5	0,16934300	0,16916020	0,16897752	0,16879495	0,16861249
6	0,13518995	0,13500533	0,13482086	0,13463655	0,13445240
7	0,11094994	0,11076595	0,11058217	0,11039857	0,11021518
8	0,09290446	0,09272261	0,09254101	0,09235965	0,09217852
9	0,07898752	0,07880881	0,07863036	0,07845220	0,07827431
10	0,06795943	0,06778449	0,06760987	0,06743556	0,06726157
11	0,05903118	0,05886046	0,05869010	0,05852010	0,05835044
12	0,05167665	0,05151047	0,05134468	0,05117928	0,05101427
13	0,04553154	0,04537011	0,04520910	0,04504852	0,04488835
14	0,04033557	0,04017902	0,04002293	0,03986729	0,03971211
15	0,03589779	0,03574621	0,03559512	0,03544451	0,03529439
16	0,03207494	0,03192837	0,03178232	0,03163678	0,03149175
17	0,02875743	0,02861588	0,02847487	0,02833440	0,02819448
18	0,02585996	0,02572342	0,02558744	0,02545202	0,02531717
19	0,02331518	0,02318360	0,02305261	0,02292221	0,02279239
20	0,02106916	0,02094249	0,02081644	0,02069099	0,02056614
21	0,01907823	0,01895641	0,01883521	0,01871464	0,01859470
22	0,01730663	0,01718957	0,01707316	0,01695738	0,01684225
23	0,01572481	0,01561243	0,01550070	0,01538963	0,01527922
24	0,01430814	0,01420033	0,01409319	0,01398672	0,01388092
25	0,01303590	0,01293256	0,01282991	0,01272793	0,01262663
26	0,01189056	0,01179159	0,01169331	0,01159571	0,01149880
27	0,01085720	0,01076248	0,01066845	0,01057512	0,01048248
28	0,00992300	0,00983242	0,00974253	0,00965334	0,00956484
29	0,00907694	0,00899037	0,00890450	0,00881933	0,00873485
30	0,00830945	0,00822677	0,00814479	0,00806351	0,00798293
31	0,00761220	0,00753328	0,00745508	0,00737757	0,00730076
32	0,00697791	0,00690264	0,00682808	0,00675422	0,00668105
33	0,00640020	0,00632845	0,00625741	0,00618707	0,00611741
34	0,00587343	0,00580508	0,00573744	0,00567048	0,00560421
35	0,00539262	0,00532755	0,00526318	0,00519949	0,00513649
36	0,00495336	0,00489145	0,00483023	0,00476968	0,00470981
37	0,00455171	0,00449284	0,00443465	0,00437713	0,00432027
38	0,00418418	0,00412823	0,00407295	0,00401833	0,00396437
39	0,00384762	0,00379448	0,00374199	0,00369016	0,00363897
40	0,00353923	0,00348878	0,00343898	0,00338981	0,00334128

Zins	8,25	8,30	8,35	8,40	8,45
Jahre					
1	1,00000000	1,00000000	1,00000000	1,00000000	1,00000000
2	0,47938669	0,47926190	0,47913712	0,47901234	0,47888756
3	0,30624197	0,30608045	0,30591897	0,30575752	0,30559611
4	0,21996339	0,21978713	0,21961095	0,21943484	0,21925880
5	0,16843015	0,16824792	0,16806581	0,16788381	0,16770192
6	0,13426840	0,13408455	0,13390087	0,13371733	0,13353395
7	0,11003198	0,10984897	0,10966617	0,10948356	0,10930115
8	0,09199762	0,09181697	0,09163655	0,09145637	0,09127643
9	0,07809670	0,07791937	0,07774231	0,07756553	0,07738902
10	0,06708789	0,06691452	0,06674148	0,06656874	0,06639632
11	0,05818114	0,05801219	0,05784359	0,05767534	0,05750745
12	0,05084965	0,05068541	0,05052156	0,05035810	0,05019502
13	0,04472861	0,04456929	0,04441039	0,04425191	0,04409385
14	0,03955738	0,03940310	0,03924928	0,03909591	0,03894299
15	0,03514475	0,03499559	0,03484691	0,03469872	0,03455101
16	0,03134723	0,03120323	0,03105973	0,03091675	0,03077427
17	0,02805509	0,02791623	0,02777791	0,02764013	0,02750288
18	0,02518288	0,02504915	0,02491599	0,02478338	0,02465132
19	0,02266316	0,02253451	0,02240644	0,02227895	0,02215204
20	0,02044190	0,02031827	0,02019523	0,02007279	0,01995095
21	0,01847537	0,01835667	0,01823859	0,01812112	0,01800426
22	0,01672776	0,01661390	0,01650067	0,01638808	0,01627611
23	0,01516945	0,01506034	0,01495187	0,01484404	0,01473686
24	0,01377578	0,01367130	0,01356748	0,01346432	0,01336180
25	0,01252601	0,01242605	0,01232676	0,01222814	0,01213017
26	0,01140257	0,01130702	0,01121214	0,01111793	0,01102439
27	0,01039052	0,01029925	0,01020866	0,01011874	0,01002949
28	0,00947704	0,00938992	0,00930348	0,00921773	0,00913265
29	0,00865107	0,00856798	0,00848557	0,00840384	0,00832279
30	0,00790305	0,00782385	0,00774534	0,00766751	0,00759036
31	0,00722464	0,00714921	0,00707447	0,00700040	0,00692700
32	0,00660857	0,00653678	0,00646566	0,00639522	0,00632545
33	0,00604844	0,00598015	0,00591254	0,00584560	0,00577932
34	0,00553863	0,00547371	0,00540947	0,00534589	0,00528297
35	0,00507415	0,00501249	0,00495148	0,00489114	0,00483145
36	0,00465061	0,00459206	0,00453417	0,00447693	0,00442033
37	0,00426407	0,00420852	0,00415362	0,00409936	0,00404573
38	0,00391105	0,00385838	0,00380634	0,00375493	0,00370414
39	0,00358842	0,00353850	0,00348920	0,00344052	0,00339245
40	0,00329337	0,00324609	0,00319941	0,00315334	0,00310788

Zins	8,50	8,55	8,60	8,65	8,70
Jahre					
1	1,00000000	1,00000000	1,00000000	1,00000000	1,00000000
2	0,47876279	0,47863801	0,47851324	0,47838847	0,47826371
3	0,30543473	0,30527339	0,30511208	0,30495080	0,30478956
4	0,21908284	0,21890695	0,21873113	0,21855538	0,21837971
5	0,16752015	0,16733849	0,16715695	0,16697552	0,16679420
6	0,13335073	0,13316766	0,13298475	0,13280200	0,13261940
7	0,10911893	0,10893691	0,10875509	0,10857346	0,10839203
8	0,09109672	0,09091725	0,09073802	0,09055902	0,09038027
9	0,07721279	0,07703684	0,07686117	0,07668577	0,07651065
10	0,06622422	0,06605243	0,06588095	0,06570979	0,06553895
11	0,05733990	0,05717271	0,05700587	0,05683938	0,05667324
12	0,05003233	0,04987003	0,04970811	0,04954658	0,04938543
13	0,04393621	0,04377899	0,04362219	0,04346580	0,04330984
14	0,03879052	0,03863850	0,03848693	0,03833581	0,03818514
15	0,03440378	0,03425702	0,03411075	0,03396496	0,03381964
16	0,03063230	0,03049084	0,03034988	0,03020943	0,03006949
17	0,02736617	0,02722998	0,02709433	0,02695921	0,02682461
18	0,02451983	0,02438888	0,02425850	0,02412866	0,02399938
19	0,02202570	0,02189995	0,02177476	0,02165015	0,02152611
20	0,01982971	0,01970906	0,01958900	0,01946953	0,01935066
21	0,01788802	0,01777239	0,01765737	0,01754295	0,01742914
22	0,01616477	0,01605406	0,01594397	0,01583450	0,01572565
23	0,01463032	0,01452441	0,01441914	0,01431450	0,01421049
24	0,01325994	0,01315872	0,01305815	0,01295822	0,01285893
25	0,01203286	0,01193621	0,01184021	0,01174486	0,01165016
26	0,01093151	0,01083930	0,01074774	0,01065684	0,01056659
27	0,00994092	0,00985300	0,00976575	0,00967916	0,00959323
28	0,00904824	0,00896449	0,00888141	0,00879900	0,00871723
29	0,00824241	0,00816270	0,00808366	0,00800527	0,00792754
30	0,00751387	0,00743806	0,00736290	0,00728841	0,00721457
31	0,00685428	0,00678222	0,00671082	0,00664007	0,00656998
32	0,00625635	0,00618791	0,00612012	0,00605298	0,00598649
33	0,00571370	0,00564874	0,00558443	0,00552076	0,00545773
34	0,00522071	0,00515909	0,00509811	0,00503778	0,00497807
35	0,00477240	0,00471399	0,00465622	0,00459907	0,00454256
36	0,00436437	0,00430904	0,00425434	0,00420026	0,00414679
37	0,00399273	0,00394034	0,00388858	0,00383742	0,00378687
38	0,00365397	0,00360441	0,00355545	0,00350709	0,00345933
39	0,00334499	0,00329812	0,00325185	0,00320617	0,00316106
40	0,00306300	0,00301871	0,00297500	0,00293187	0,00288930

Zins	8,75	8,80	8,85	8,90	8,95
Jahre					
1	1,00000000	1,00000000	1,00000000	1,00000000	1,00000000
2	0,47813895	0,47801419	0,47788943	0,47776468	0,47763992
3	0,30462836	0,30446719	0,30430605	0,30414495	0,30398388
4	0,21820412	0,21802859	0,21785314	0,21767777	0,21750246
5	0,16661300	0,16643192	0,16625095	0,16607009	0,16588935
6	0,13243695	0,13225466	0,13207253	0,13189055	0,13170873
7	0,10821080	0,10802977	0,10784893	0,10766829	0,10748784
8	0,09020175	0,09002346	0,08984542	0,08966761	0,08949004
9	0,07633580	0,07616124	0,07598694	0,07581293	0,07563919
10	0,06536842	0,06519820	0,06502830	0,06485871	0,06468943
11	0,05650745	0,05634201	0,05617692	0,05601218	0,05584779
12	0,04922467	0,04906429	0,04890430	0,04874470	0,04858547
13	0,04315429	0,04299916	0,04284445	0,04269015	0,04253627
14	0,03803492	0,03788515	0,03773582	0,03758694	0,03743851
15	0,03367480	0,03353044	0,03338655	0,03324314	0,03310020
16	0,02993004	0,02979110	0,02965266	0,02951473	0,02937729
17	0,02669055	0,02655701	0,02642400	0,02629151	0,02615955
18	0,02387064	0,02374246	0,02361482	0,02348773	0,02336118
19	0,02140264	0,02127974	0,02115741	0,02103564	0,02091443
20	0,01923237	0,01911466	0,01899754	0,01888101	0,01876505
21	0,01731593	0,01720333	0,01709132	0,01697991	0,01686909
22	0,01561741	0,01550979	0,01540278	0,01529638	0,01519059
23	0,01410711	0,01400435	0,01390222	0,01380070	0,01369980
24	0,01276027	0,01266225	0,01256486	0,01246809	0,01237196
25	0,01155610	0,01146268	0,01136989	0,01127774	0,01118623
26	0,01047698	0,01038803	0,01029971	0,01021203	0,01012499
27	0,00950794	0,00942330	0,00933931	0,00925596	0,00917324
28	0,00863612	0,00855566	0,00847585	0,00839667	0,00831813
29	0,00785046	0,00777403	0,00769825	0,00762310	0,00754859
30	0,00714137	0,00706883	0,00699693	0,00692566	0,00685503
31	0,00650053	0,00643172	0,00636355	0,00629602	0,00622911
32	0,00592064	0,00585543	0,00579085	0,00572690	0,00566357
33	0,00539534	0,00533358	0,00527244	0,00521192	0,00515202
34	0,00491900	0,00486054	0,00480270	0,00474548	0,00468886
35	0,00448666	0,00443137	0,00437669	0,00432261	0,00426913
36	0,00409393	0,00404167	0,00399001	0,00393895	0,00388846
37	0,00373692	0,00368756	0,00363878	0,00359059	0,00354297
38	0,00341215	0,00336556	0,00331953	0,00327408	0,00322919
39	0,00311654	0,00307257	0,00302917	0,00298633	0,00294404
40	0,00284730	0,00280585	0,00276495	0,00272459	0,00268477

Zins	9,00	9,05	9,10	9,15	9,20
Jahre					
1	1,00000000	1,00000000	1,00000000	1,00000000	1,00000000
2	0,47751518	0,47739043	0,47726569	0,47714095	0,47701621
3	0,30382285	0,30366186	0,30350090	0,30333997	0,30317908
4	0,21732724	0,21715208	0,21697700	0,21680199	0,21662706
5	0,16570872	0,16552821	0,16534781	0,16516752	0,16498736
6	0,13152707	0,13134556	0,13116421	0,13098301	0,13080197
7	0,10730760	0,10712755	0,10694770	0,10676804	0,10658859
8	0,08931271	0,08913561	0,08895875	0,08878213	0,08860575
9	0,07546573	0,07529254	0,07511963	0,07494700	0,07477464
10	0,06452047	0,06435183	0,06418349	0,06401547	0,06384777
11	0,05568375	0,05552006	0,05535673	0,05519373	0,05503109
12	0,04842663	0,04826818	0,04811011	0,04795242	0,04779511
13	0,04238281	0,04222976	0,04207712	0,04192491	0,04177310
14	0,03729052	0,03714298	0,03699588	0,03684923	0,03670302
15	0,03295774	0,03281575	0,03267423	0,03253318	0,03239261
16	0,02924035	0,02910391	0,02896797	0,02883253	0,02869758
17	0,02602810	0,02589718	0,02576679	0,02563691	0,02550755
18	0,02323518	0,02310972	0,02298480	0,02286042	0,02273658
19	0,02079379	0,02067371	0,02055419	0,02043523	0,02031682
20	0,01864967	0,01853488	0,01842065	0,01830700	0,01819393
21	0,01675887	0,01664924	0,01654020	0,01643175	0,01632388
22	0,01508540	0,01498082	0,01487684	0,01477345	0,01467066
23	0,01359952	0,01349985	0,01340079	0,01330234	0,01320450
24	0,01227644	0,01218155	0,01208727	0,01199361	0,01190056
25	0,01109534	0,01100507	0,01091543	0,01082641	0,01073801
26	0,01003858	0,00995280	0,00986764	0,00978311	0,00969919
27	0,00909116	0,00900971	0,00892889	0,00884869	0,00876911
28	0,00824023	0,00816296	0,00808631	0,00801029	0,00793488
29	0,00747471	0,00740146	0,00732884	0,00725683	0,00718544
30	0,00678502	0,00671564	0,00664688	0,00657874	0,00651121
31	0,00616283	0,00609716	0,00603211	0,00596767	0,00590384
32	0,00560085	0,00553875	0,00547726	0,00541637	0,00535608
33	0,00509273	0,00503404	0,00497595	0,00491846	0,00486156
34	0,00463284	0,00457742	0,00452259	0,00446834	0,00441468
35	0,00421624	0,00416394	0,00411222	0,00406108	0,00401050
36	0,00383856	0,00378924	0,00374049	0,00369230	0,00364467
37	0,00349592	0,00344943	0,00340351	0,00335813	0,00331331
38	0,00318485	0,00314107	0,00309784	0,00305514	0,00301298
39	0,00290229	0,00286108	0,00282040	0,00278025	0,00274062
40	0,00264548	0,00260671	0,00256846	0,00253073	0,00249350

Zins	9,25	9,30	9,35	9,40	9,45
Jahre					
1	1,00000000	1,00000000	1,00000000	1,00000000	1,00000000
2	0,47689147	0,47676674	0,47664201	0,47651729	0,47639257
3	0,30301822	0,30285740	0,30269661	0,30253586	0,30237515
4	0,21645220	0,21627741	0,21610270	0,21592806	0,21575350
5	0,16480730	0,16462736	0,16444754	0,16426783	0,16408824
6	0,13062109	0,13044037	0,13025980	0,13007938	0,12989913
7	0,10640933	0,10623027	0,10605140	0,10587273	0,10569426
8	0,08842960	0,08825369	0,08807802	0,08790259	0,08772739
9	0,07460256	0,07443075	0,07425923	0,07408797	0,07391700
10	0,06368038	0,06351330	0,06334653	0,06318008	0,06301394
11	0,05486880	0,05470686	0,05454526	0,05438402	0,05422312
12	0,04763819	0,04748164	0,04732548	0,04716970	0,04701431
13	0,04162171	0,04147073	0,04132017	0,04117002	0,04102028
14	0,03655726	0,03641193	0,03626705	0,03612262	0,03597862
15	0,03225250	0,03211287	0,03197370	0,03183500	0,03169677
16	0,02856313	0,02842917	0,02829570	0,02816273	0,02803025
17	0,02537870	0,02525038	0,02512256	0,02499527	0,02486848
18	0,02261328	0,02249052	0,02236829	0,02224659	0,02212543
19	0,02019897	0,02008168	0,01996493	0,01984874	0,01973309
20	0,01808142	0,01796948	0,01785811	0,01774731	0,01763706
21	0,01621660	0,01610990	0,01600377	0,01589823	0,01579326
22	0,01456847	0,01446687	0,01436586	0,01426544	0,01416560
23	0,01310725	0,01301061	0,01291457	0,01281912	0,01272426
24	0,01180812	0,01171629	0,01162505	0,01153443	0,01144440
25	0,01065021	0,01056303	0,01047646	0,01039049	0,01030513
26	0,00961590	0,00953321	0,00945114	0,00936967	0,00928880
27	0,00869014	0,00861179	0,00853405	0,00845692	0,00838038
28	0,00786009	0,00778591	0,00771234	0,00763938	0,00756701
29	0,00711467	0,00704450	0,00697493	0,00690597	0,00683760
30	0,00644428	0,00637796	0,00631224	0,00624711	0,00618258
31	0,00584061	0,00577798	0,00571594	0,00565448	0,00559361
32	0,00529639	0,00523728	0,00517876	0,00512082	0,00506346
33	0,00480525	0,00474951	0,00469435	0,00463977	0,00458575
34	0,00436159	0,00430908	0,00425713	0,00420574	0,00415490
35	0,00396049	0,00391105	0,00386215	0,00381381	0,00376601
36	0,00359759	0,00355106	0,00350508	0,00345963	0,00341472
37	0,00326902	0,00322527	0,00318205	0,00313936	0,00309719
38	0,00297134	0,00293023	0,00288964	0,00284956	0,00280999
39	0,00270151	0,00266290	0,00262480	0,00258720	0,00255008
40	0,00245677	0,00242054	0,00238480	0,00234955	0,00231477

Zins	9,50	9,55	9,60	9,65	9,70
Jahre					
1	1,00000000	1,00000000	1,00000000	1,00000000	1,00000000
2	0,47626785	0,47614313	0,47601842	0,47589370	0,47576900
3	0,30221447	0,30205382	0,30189321	0,30173264	0,30157210
4	0,21557901	0,21540460	0,21523026	0,21505599	0,21488180
5	0,16390876	0,16372940	0,16355016	0,16337102	0,16319201
6	0,12971903	0,12953909	0,12935930	0,12917967	0,12900020
7	0,10551599	0,10533792	0,10516004	0,10498236	0,10480488
8	0,08755244	0,08737771	0,08720323	0,08702899	0,08685498
9	0,07374630	0,07357587	0,07340572	0,07323585	0,07306625
10	0,06284811	0,06268260	0,06251739	0,06235251	0,06218793
11	0,05406257	0,05390236	0,05374251	0,05358300	0,05342384
12	0,04685929	0,04670465	0,04655040	0,04639652	0,04624303
13	0,04087095	0,04072204	0,04057353	0,04042544	0,04027775
14	0,03583506	0,03569194	0,03554926	0,03540702	0,03526522
15	0,03155901	0,03142171	0,03128487	0,03114851	0,03101260
16	0,02789826	0,02776675	0,02763574	0,02750522	0,02737518
17	0,02474221	0,02461645	0,02449120	0,02436646	0,02424222
18	0,02200479	0,02188469	0,02176511	0,02164607	0,02152754
19	0,01961800	0,01950344	0,01938944	0,01927598	0,01916305
20	0,01752738	0,01741826	0,01730970	0,01720170	0,01709425
21	0,01568886	0,01558504	0,01548179	0,01537910	0,01527698
22	0,01406634	0,01396767	0,01386958	0,01377206	0,01367511
23	0,01263000	0,01253632	0,01244323	0,01235072	0,01225879
24	0,01135496	0,01126612	0,01117787	0,01109020	0,01100312
25	0,01022036	0,01013619	0,01005261	0,00996962	0,00988722
26	0,00920853	0,00912886	0,00904979	0,00897130	0,00889340
27	0,00830445	0,00822911	0,00815436	0,00808021	0,00800664
28	0,00749524	0,00742406	0,00735347	0,00728347	0,00721405
29	0,00676982	0,00670264	0,00663603	0,00657001	0,00650457
30	0,00611863	0,00605526	0,00599247	0,00593026	0,00586862
31	0,00553333	0,00547361	0,00541447	0,00535589	0,00529788
32	0,00500666	0,00495044	0,00489477	0,00483967	0,00478512
33	0,00453229	0,00447939	0,00442704	0,00437524	0,00432398
34	0,00410462	0,00405489	0,00400570	0,00395704	0,00390892
35	0,00371875	0,00367203	0,00362584	0,00358017	0,00353502
36	0,00337034	0,00332647	0,00328313	0,00324029	0,00319797
37	0,00305553	0,00301438	0,00297373	0,00293359	0,00289394
38	0,00277091	0,00273234	0,00269425	0,00265665	0,00261953
39	0,00251346	0,00247732	0,00244165	0,00240646	0,00237173
40	0,00228046	0,00224662	0,00221325	0,00218033	0,00214786

Zins	9,75	9,80	9,85	9,90	9,95
Jahre					
1	1,00000000	1,00000000	1,00000000	1,00000000	1,00000000
2	0,47564429	0,47551959	0,47539489	0,47527019	0,47514550
3	0,30141159	0,30125112	0,30109069	0,30093029	0,30076993
4	0,21470768	0,21453364	0,21435967	0,21418578	0,21401196
5	0,16301311	0,16283433	0,16265566	0,16247710	0,16229867
6	0,12882088	0,12864173	0,12846273	0,12828388	0,12810520
7	0,10462760	0,10445052	0,10427363	0,10409694	0,10392045
8	0,08668121	0,08650767	0,08633438	0,08616132	0,08598850
9	0,07289693	0,07272789	0,07255912	0,07239062	0,07222241
10	0,06202366	0,06185971	0,06169607	0,06153275	0,06136973
11	0,05326502	0,05310656	0,05294844	0,05279066	0,05263323
12	0,04608991	0,04593717	0,04578481	0,04563283	0,04548123
13	0,04013048	0,03998361	0,03983716	0,03969111	0,03954547
14	0,03512386	0,03498293	0,03484244	0,03470238	0,03456276
15	0,03087716	0,03074218	0,03060766	0,03047360	0,03034001
16	0,02724563	0,02711656	0,02698798	0,02685988	0,02673226
17	0,02411849	0,02399527	0,02387255	0,02375034	0,02362862
18	0,02140955	0,02129207	0,02117512	0,02105869	0,02094277
19	0,01905067	0,01893883	0,01882752	0,01871675	0,01860652
20	0,01698735	0,01688101	0,01677521	0,01666996	0,01656526
21	0,01517543	0,01507443	0,01497400	0,01487412	0,01477480
22	0,01357874	0,01348294	0,01338771	0,01329304	0,01319893
23	0,01216744	0,01207667	0,01198646	0,01189683	0,01180777
24	0,01091662	0,01083071	0,01074537	0,01066060	0,01057640
25	0,00980540	0,00972416	0,00964350	0,00956342	0,00948390
26	0,00881608	0,00873935	0,00866319	0,00858761	0,00851260
27	0,00793365	0,00786123	0,00778940	0,00771813	0,00764743
28	0,00714521	0,00707694	0,00700924	0,00694211	0,00687555
29	0,00643970	0,00637539	0,00631165	0,00624848	0,00618586
30	0,00580754	0,00574702	0,00568707	0,00562766	0,00556881
31	0,00524042	0,00518352	0,00512717	0,00507137	0,00501610
32	0,00473111	0,00467765	0,00462473	0,00457235	0,00452050
33	0,00427326	0,00422308	0,00417342	0,00412429	0,00407568
34	0,00386132	0,00381425	0,00376769	0,00372165	0,00367611
35	0,00349039	0,00344626	0,00340265	0,00335953	0,00331691
36	0,00315615	0,00311482	0,00307398	0,00303364	0,00299377
37	0,00285477	0,00281609	0,00277789	0,00274017	0,00270291
38	0,00258288	0,00254671	0,00251099	0,00247574	0,00244094
39	0,00233746	0,00230365	0,00227029	0,00223737	0,00220489
40	0,00211583	0,00208425	0,00205310	0,00202238	0,00199209

Zins	10,00	10,05	10,10	10,15	10,20
Jahre					
1	1,00000000	1,00000000	1,00000000	1,00000000	1,00000000
2	0,47502081	0,47489613	0,47477144	0,47464676	0,47452209
3	0,30060961	0,30044931	0,30028906	0,30012884	0,29996866
4	0,21383822	0,21366455	0,21349096	0,21331744	0,21314400
5	0,16212035	0,16194214	0,16176405	0,16158608	0,16140823
6	0,12792667	0,12774830	0,12757008	0,12739202	0,12721413
7	0,10374416	0,10356806	0,10339216	0,10321646	0,10304096
8	0,08581592	0,08564357	0,08547146	0,08529959	0,08512796
9	0,07205446	0,07188680	0,07171940	0,07155229	0,07138545
10	0,06120702	0,06104463	0,06088255	0,06072078	0,06055932
11	0,05247615	0,05231941	0,05216302	0,05200698	0,05185127
12	0,04533001	0,04517916	0,04502869	0,04487860	0,04472888
13	0,03940024	0,03925541	0,03911099	0,03896698	0,03882337
14	0,03442358	0,03428483	0,03414651	0,03400862	0,03387117
15	0,03020687	0,03007419	0,02994196	0,02981020	0,02967889
16	0,02660512	0,02647847	0,02635229	0,02622659	0,02610137
17	0,02350741	0,02338670	0,02326648	0,02314677	0,02302755
18	0,02082738	0,02071250	0,02059814	0,02048429	0,02037095
19	0,01849681	0,01838764	0,01827899	0,01817088	0,01806328
20	0,01646110	0,01635749	0,01625441	0,01615188	0,01604988
21	0,01467603	0,01457781	0,01448015	0,01438303	0,01428645
22	0,01310539	0,01301240	0,01291997	0,01282810	0,01273677
23	0,01171928	0,01163134	0,01154397	0,01145716	0,01137090
24	0,01049277	0,01040971	0,01032721	0,01024527	0,01016389
25	0,00940496	0,00932658	0,00924877	0,00917152	0,00909482
26	0,00843815	0,00836427	0,00829095	0,00821819	0,00814599
27	0,00757730	0,00750773	0,00743872	0,00737026	0,00730235
28	0,00680954	0,00674409	0,00667919	0,00661484	0,00655104
29	0,00612379	0,00606228	0,00600131	0,00594088	0,00588099
30	0,00551050	0,00545274	0,00539551	0,00533882	0,00528266
31	0,00496137	0,00490718	0,00485351	0,00480037	0,00474774
32	0,00446917	0,00441837	0,00436808	0,00431831	0,00426905
33	0,00402759	0,00398000	0,00393293	0,00388635	0,00384027
34	0,00363108	0,00358655	0,00354251	0,00349896	0,00345590
35	0,00327478	0,00323313	0,00319197	0,00315128	0,00311107
36	0,00295439	0,00291547	0,00287702	0,00283904	0,00280152
37	0,00266611	0,00262977	0,00259389	0,00255846	0,00252347
38	0,00240659	0,00237269	0,00233922	0,00230619	0,00227358
39	0,00217284	0,00214123	0,00211004	0,00207926	0,00204891
40	0,00196221	0,00193275	0,00190370	0,00187505	0,00184681

Zins	10,25	10,30	10,35	10,40	10,45
Jahre					
1	1,00000000	1,00000000	1,00000000	1,00000000	1,00000000
2	0,47439741	0,47427274	0,47414807	0,47402341	0,47389875
3	0,29980851	0,29964840	0,29948832	0,29932828	0,29916828
4	0,21297063	0,21279733	0,21262412	0,21245097	0,21227791
5	0,16123049	0,16105286	0,16087536	0,16069796	0,16052069
6	0,12703638	0,12685880	0,12668137	0,12650410	0,12632699
7	0,10286566	0,10269056	0,10251565	0,10234094	0,10216643
8	0,08495656	0,08478541	0,08461449	0,08444380	0,08427336
9	0,07121888	0,07105259	0,07088657	0,07072083	0,07055537
10	0,06039817	0,06023734	0,06007681	0,05991659	0,05975669
11	0,05169592	0,05154090	0,05138624	0,05123191	0,05107793
12	0,04457954	0,04443058	0,04428199	0,04413377	0,04398593
13	0,03868016	0,03853737	0,03839497	0,03825298	0,03811139
14	0,03373415	0,03359756	0,03346140	0,03332567	0,03319036
15	0,02954804	0,02941764	0,02928769	0,02915820	0,02902916
16	0,02597663	0,02585236	0,02572857	0,02560525	0,02548240
17	0,02290882	0,02279059	0,02267285	0,02255560	0,02243885
18	0,02025812	0,02014581	0,02003400	0,01992270	0,01981190
19	0,01795622	0,01784967	0,01774365	0,01763815	0,01753316
20	0,01594842	0,01584749	0,01574709	0,01564722	0,01554788
21	0,01419042	0,01409494	0,01399999	0,01390558	0,01381170
22	0,01264600	0,01255577	0,01246609	0,01237695	0,01228835
23	0,01128519	0,01120004	0,01111543	0,01103137	0,01094785
24	0,01008306	0,01000279	0,00992306	0,00984389	0,00976525
25	0,00901868	0,00894309	0,00886804	0,00879355	0,00871959
26	0,00807433	0,00800323	0,00793267	0,00786265	0,00779318
27	0,00723499	0,00716818	0,00710190	0,00703617	0,00697096
28	0,00648778	0,00642506	0,00636287	0,00630121	0,00624008
29	0,00582164	0,00576281	0,00570452	0,00564675	0,00558949
30	0,00522702	0,00517190	0,00511731	0,00506322	0,00500965
31	0,00469564	0,00464405	0,00459296	0,00454238	0,00449230
32	0,00422029	0,00417204	0,00412428	0,00407702	0,00403024
33	0,00379469	0,00374960	0,00370499	0,00366086	0,00361721
34	0,00341331	0,00337121	0,00332958	0,00328841	0,00324771
35	0,00307132	0,00303204	0,00299321	0,00295484	0,00291692
36	0,00276444	0,00272782	0,00269164	0,00265590	0,00262060
37	0,00248892	0,00245480	0,00242111	0,00238785	0,00235501
38	0,00224141	0,00220965	0,00217831	0,00214737	0,00211684
39	0,00201896	0,00198942	0,00196028	0,00193153	0,00190317
40	0,00181895	0,00179149	0,00176441	0,00173772	0,00171139

Zins	10,50	10,55	10,60	10,65	10,70
Jahre					
1	1,00000000	1,00000000	1,00000000	1,00000000	1,00000000
2	0,47377409	0,47364944	0,47352478	0,47340014	0,47327549
3	0,29900831	0,29884838	0,29868848	0,29852862	0,29836880
4	0,21210491	0,21193200	0,21175915	0,21158639	0,21141370
5	0,16034353	0,16016649	0,15998957	0,15981276	0,15963607
6	0,12615004	0,12597325	0,12579661	0,12562013	0,12544381
7	0,10199212	0,10181801	0,10164409	0,10147038	0,10129686
8	0,08410315	0,08393318	0,08376345	0,08359395	0,08342469
9	0,07039018	0,07022526	0,07006062	0,06989625	0,06973216
10	0,05959710	0,05943781	0,05927884	0,05912017	0,05896182
11	0,05092430	0,05077100	0,05061805	0,05046544	0,05031318
12	0,04383847	0,04369138	0,04354466	0,04339832	0,04325234
13	0,03797021	0,03782942	0,03768904	0,03754906	0,03740948
14	0,03305549	0,03292104	0,03278703	0,03265343	0,03252027
15	0,02890057	0,02877243	0,02864474	0,02851750	0,02839071
16	0,02536003	0,02523812	0,02511669	0,02499572	0,02487522
17	0,02232258	0,02220680	0,02209151	0,02197670	0,02186238
18	0,01970161	0,01959182	0,01948253	0,01937375	0,01926546
19	0,01742870	0,01732474	0,01722130	0,01711837	0,01701595
20	0,01544906	0,01535077	0,01525300	0,01515576	0,01505903
21	0,01371836	0,01362555	0,01353327	0,01344151	0,01335028
22	0,01220029	0,01211277	0,01202577	0,01193931	0,01185338
23	0,01086488	0,01078244	0,01070054	0,01061917	0,01053833
24	0,00968716	0,00960960	0,00953258	0,00945610	0,00938014
25	0,00864618	0,00857330	0,00850095	0,00842914	0,00835785
26	0,00772424	0,00765583	0,00758795	0,00752060	0,00745377
27	0,00690629	0,00684215	0,00677853	0,00671543	0,00665285
28	0,00617948	0,00611940	0,00605983	0,00600078	0,00594223
29	0,00553276	0,00547653	0,00542081	0,00536560	0,00531089
30	0,00495659	0,00490402	0,00485196	0,00480039	0,00474931
31	0,00444271	0,00439362	0,00434501	0,00429689	0,00424924
32	0,00398395	0,00393813	0,00389280	0,00384793	0,00380353
33	0,00357402	0,00353131	0,00348906	0,00344727	0,00340593
34	0,00320746	0,00316767	0,00312833	0,00308943	0,00305098
35	0,00287944	0,00284240	0,00280580	0,00276963	0,00273389
36	0,00258573	0,00255128	0,00251725	0,00248365	0,00245045
37	0,00232259	0,00229057	0,00225897	0,00222776	0,00219696
38	0,00208672	0,00205699	0,00202765	0,00199870	0,00197013
39	0,00187520	0,00184761	0,00182040	0,00179356	0,00176709
40	0,00168544	0,00165986	0,00163464	0,00160977	0,00158525

Zins	10,75	10,80	10,85	10,90	10,95
Jahre					
1	1,00000000	1,00000000	1,00000000	1,00000000	1,00000000
2	0,47315085	0,47302621	0,47290158	0,47277695	0,47265232
3	0,29820901	0,29804926	0,29788954	0,29772986	0,29757022
4	0,21124108	0,21106854	0,21089608	0,21072369	0,21055138
5	0,15945949	0,15928303	0,15910669	0,15893047	0,15875436
6	0,12526764	0,12509164	0,12491579	0,12474010	0,12456457
7	0,10112354	0,10095042	0,10077750	0,10060477	0,10043225
8	0,08325567	0,08308689	0,08291834	0,08275003	0,08258196
9	0,06956834	0,06940480	0,06924153	0,06907854	0,06891582
10	0,05880377	0,05864604	0,05848861	0,05833149	0,05817468
11	0,05016126	0,05000968	0,04985844	0,04970754	0,04955698
12	0,04310675	0,04296152	0,04281666	0,04267218	0,04252807
13	0,03727031	0,03713153	0,03699315	0,03685516	0,03671758
14	0,03238752	0,03225521	0,03212331	0,03199184	0,03186080
15	0,02826436	0,02813847	0,02801301	0,02788801	0,02776344
16	0,02475519	0,02463562	0,02451652	0,02439788	0,02427971
17	0,02174854	0,02163518	0,02152231	0,02140991	0,02129799
18	0,01915767	0,01905037	0,01894357	0,01883726	0,01873144
19	0,01691404	0,01681264	0,01671174	0,01661135	0,01651145
20	0,01496282	0,01486712	0,01477194	0,01467727	0,01458311
21	0,01325958	0,01316939	0,01307973	0,01299058	0,01290194
22	0,01176798	0,01168310	0,01159874	0,01151491	0,01143159
23	0,01045802	0,01037824	0,01029898	0,01022024	0,01014202
24	0,00930471	0,00922981	0,00915543	0,00908157	0,00900822
25	0,00828709	0,00821686	0,00814714	0,00807793	0,00800924
26	0,00738746	0,00732167	0,00725640	0,00719163	0,00712738
27	0,00659078	0,00652923	0,00646818	0,00640763	0,00634759
28	0,00588420	0,00582666	0,00576963	0,00571309	0,00565705
29	0,00525668	0,00520296	0,00514973	0,00509699	0,00504473
30	0,00469872	0,00464861	0,00459898	0,00454983	0,00450115
31	0,00420208	0,00415538	0,00410916	0,00406339	0,00401809
32	0,00375960	0,00371613	0,00367311	0,00363054	0,00358842
33	0,00336505	0,00332461	0,00328461	0,00324505	0,00320593
34	0,00301296	0,00297538	0,00293822	0,00290149	0,00286518
35	0,00269857	0,00266367	0,00262918	0,00259511	0,00256143
36	0,00241766	0,00238528	0,00235330	0,00232171	0,00229051
37	0,00216654	0,00213652	0,00210688	0,00207762	0,00204874
38	0,00194194	0,00191413	0,00188668	0,00185960	0,00183288
39	0,00174098	0,00171523	0,00168983	0,00166478	0,00164008
40	0,00156109	0,00153727	0,00151378	0,00149064	0,00146782

Zins	11,00	11,05	11,10	11,15	11,20
Jahre					
1	1,00000000	1,00000000	1,00000000	1,00000000	1,00000000
2	0,47252770	0,47240307	0,47227846	0,47215384	0,47202923
3	0,29741061	0,29725104	0,29709151	0,29693201	0,29677255
4	0,21037914	0,21020698	0,21003490	0,20986289	0,20969096
5	0,15857837	0,15840250	0,15822674	0,15805111	0,15787559
6	0,12438920	0,12421399	0,12403893	0,12386403	0,12368929
7	0,10025992	0,10008779	0,09991586	0,09974413	0,09957260
8	0,08241413	0,08224653	0,08207917	0,08191205	0,08174516
9	0,06875337	0,06859120	0,06842930	0,06826768	0,06810633
10	0,05801818	0,05786199	0,05770611	0,05755053	0,05739527
11	0,04940677	0,04925689	0,04910736	0,04895817	0,04880931
12	0,04238433	0,04224096	0,04209796	0,04195532	0,04181306
13	0,03658039	0,03644361	0,03630721	0,03617122	0,03603562
14	0,03173017	0,03159996	0,03147018	0,03134082	0,03121187
15	0,02763932	0,02751564	0,02739241	0,02726961	0,02714725
16	0,02416199	0,02404474	0,02392794	0,02381161	0,02369573
17	0,02118655	0,02107559	0,02096510	0,02085508	0,02074554
18	0,01862612	0,01852128	0,01841693	0,01831307	0,01820969
19	0,01641206	0,01631317	0,01621477	0,01611687	0,01601946
20	0,01448945	0,01439631	0,01430366	0,01421152	0,01411988
21	0,01281382	0,01272621	0,01263911	0,01255252	0,01246643
22	0,01134879	0,01126650	0,01118472	0,01110345	0,01102268
23	0,01006431	0,00998712	0,00991044	0,00983426	0,00975860
24	0,00893539	0,00886307	0,00879126	0,00871996	0,00864916
25	0,00794106	0,00787339	0,00780623	0,00773956	0,00767339
26	0,00706363	0,00700038	0,00693763	0,00687537	0,00681361
27	0,00628805	0,00622900	0,00617044	0,00611237	0,00605479
28	0,00560149	0,00554643	0,00549184	0,00543773	0,00538410
29	0,00499296	0,00494165	0,00489082	0,00484046	0,00479056
30	0,00445294	0,00440520	0,00435791	0,00431108	0,00426471
31	0,00397325	0,00392886	0,00388491	0,00384141	0,00379836
32	0,00354675	0,00350551	0,00346471	0,00342435	0,00338441
33	0,00316723	0,00312897	0,00309112	0,00305369	0,00301668
34	0,00282929	0,00279381	0,00275873	0,00272406	0,00268979
35	0,00252817	0,00249529	0,00246282	0,00243073	0,00239902
36	0,00225970	0,00222927	0,00219922	0,00216955	0,00214024
37	0,00202023	0,00199208	0,00196430	0,00193688	0,00190982
38	0,00180652	0,00178051	0,00175485	0,00172953	0,00170455
39	0,00161573	0,00159170	0,00156802	0,00154466	0,00152163
40	0,00144533	0,00142316	0,00140131	0,00137978	0,00135855

Zins	11,25	11,30	11,35	11,40	11,45
Jahre					
1	1,00000000	1,00000000	1,00000000	1,00000000	1,00000000
2	0,47190463	0,47178002	0,47165542	0,47153083	0,47140623
3	0,29661313	0,29645374	0,29629439	0,29613507	0,29597579
4	0,20951910	0,20934732	0,20917561	0,20900399	0,20883243
5	0,15770018	0,15752490	0,15734973	0,15717468	0,15699974
6	0,12351471	0,12334029	0,12316603	0,12299192	0,12281798
7	0,09940126	0,09923013	0,09905919	0,09888845	0,09871791
8	0,08157852	0,08141211	0,08124593	0,08108000	0,08091430
9	0,06794525	0,06778445	0,06762392	0,06746366	0,06730368
10	0,05724031	0,05708566	0,05693132	0,05677728	0,05662355
11	0,04866080	0,04851263	0,04836479	0,04821729	0,04807014
12	0,04167117	0,04152964	0,04138848	0,04124769	0,04110727
13	0,03590041	0,03576560	0,03563118	0,03549716	0,03536353
14	0,03108334	0,03095523	0,03082754	0,03070027	0,03057341
15	0,02702534	0,02690386	0,02678282	0,02666221	0,02654204
16	0,02358031	0,02346535	0,02335083	0,02323678	0,02312317
17	0,02063647	0,02052786	0,02041973	0,02031206	0,02020487
18	0,01810679	0,01800437	0,01790244	0,01780098	0,01770000
19	0,01592255	0,01582613	0,01573019	0,01563474	0,01553978
20	0,01402874	0,01393810	0,01384795	0,01375829	0,01366913
21	0,01238084	0,01229575	0,01221117	0,01212707	0,01204348
22	0,01094242	0,01086267	0,01078341	0,01070465	0,01062638
23	0,00968344	0,00960877	0,00953461	0,00946094	0,00938777
24	0,00857886	0,00850906	0,00843975	0,00837094	0,00830261
25	0,00760772	0,00754255	0,00747786	0,00741366	0,00734995
26	0,00675234	0,00669155	0,00663125	0,00657143	0,00651209
27	0,00599768	0,00594106	0,00588491	0,00582923	0,00577402
28	0,00533094	0,00527825	0,00522603	0,00517427	0,00512296
29	0,00474113	0,00469215	0,00464363	0,00459556	0,00454794
30	0,00421879	0,00417331	0,00412828	0,00408368	0,00403952
31	0,00375574	0,00371355	0,00367180	0,00363047	0,00358957
32	0,00334489	0,00330580	0,00326712	0,00322886	0,00319100
33	0,00298008	0,00294388	0,00290809	0,00287270	0,00283770
34	0,00265592	0,00262244	0,00258934	0,00255663	0,00252430
35	0,00236770	0,00233676	0,00230619	0,00227598	0,00224615
36	0,00211131	0,00208273	0,00205451	0,00202665	0,00199914
37	0,00188310	0,00185674	0,00183071	0,00180503	0,00177968
38	0,00167991	0,00165560	0,00163162	0,00160796	0,00158463
39	0,00149891	0,00147652	0,00145444	0,00143266	0,00141119
40	0,00133763	0,00131702	0,00129670	0,00127667	0,00125694

Zins	11,50	11,55	11,60	11,65	11,70
Jahre					
1	1,00000000	1,00000000	1,00000000	1,00000000	1,00000000
2	0,47128164	0,47115706	0,47103247	0,47090790	0,47078332
3	0,29581655	0,29565735	0,29549818	0,29533905	0,29517995
4	0,20866096	0,20848956	0,20831824	0,20814699	0,20797582
5	0,15682493	0,15665023	0,15647565	0,15630118	0,15612684
6	0,12264419	0,12247056	0,12229709	0,12212378	0,12195063
7	0,09854757	0,09837743	0,09820749	0,09803774	0,09786820
8	0,08074883	0,08058361	0,08041862	0,08025387	0,08008935
9	0,06714397	0,06698453	0,06682537	0,06666648	0,06650786
10	0,05647013	0,05631702	0,05616421	0,05601171	0,05585951
11	0,04792332	0,04777683	0,04763069	0,04748489	0,04733942
12	0,04096722	0,04082753	0,04068820	0,04054925	0,04041065
13	0,03523029	0,03509745	0,03496499	0,03483293	0,03470125
14	0,03044696	0,03032093	0,03019531	0,03007011	0,02994532
15	0,02642231	0,02630300	0,02618413	0,02606570	0,02594769
16	0,02301002	0,02289731	0,02278506	0,02267325	0,02256189
17	0,02009813	0,01999186	0,01988605	0,01978071	0,01967582
18	0,01759950	0,01749947	0,01739992	0,01730083	0,01720222
19	0,01544530	0,01535130	0,01525779	0,01516475	0,01507219
20	0,01358045	0,01349226	0,01340456	0,01331734	0,01323060
21	0,01196037	0,01187776	0,01179563	0,01171399	0,01163283
22	0,01054861	0,01047133	0,01039454	0,01031823	0,01024240
23	0,00931509	0,00924289	0,00917119	0,00909996	0,00902922
24	0,00823478	0,00816743	0,00810056	0,00803417	0,00796826
25	0,00728672	0,00722396	0,00716169	0,00709989	0,00703855
26	0,00645322	0,00639482	0,00633689	0,00627943	0,00622243
27	0,00571928	0,00566500	0,00561118	0,00555782	0,00550491
28	0,00507212	0,00502172	0,00497178	0,00492228	0,00487322
29	0,00450076	0,00445403	0,00440773	0,00436187	0,00431643
30	0,00399580	0,00395250	0,00390963	0,00386718	0,00382515
31	0,00354908	0,00350901	0,00346935	0,00343010	0,00339126
32	0,00315355	0,00311651	0,00307986	0,00304360	0,00300774
33	0,00280309	0,00276887	0,00273503	0,00270158	0,00266850
34	0,00249235	0,00246077	0,00242956	0,00239872	0,00236823
35	0,00221667	0,00218756	0,00215880	0,00213038	0,00210232
36	0,00197197	0,00194515	0,00191867	0,00189252	0,00186670
37	0,00175466	0,00172998	0,00170561	0,00168156	0,00165784
38	0,00156161	0,00153890	0,00151650	0,00149441	0,00147261
39	0,00139003	0,00136916	0,00134858	0,00132830	0,00130830
40	0,00123749	0,00121833	0,00119944	0,00118083	0,00116249

Zins	11,75	11,80	11,85	11,90	11,95
Jahre					
1	1,00000000	1,00000000	1,00000000	1,00000000	1,00000000
2	0,47065875	0,47053418	0,47040962	0,47028506	0,47016050
3	0,29502090	0,29486188	0,29470289	0,29454395	0,29438504
4	0,20780473	0,20763371	0,20746277	0,20729191	0,20712112
5	0,15595261	0,15577850	0,15560451	0,15543064	0,15525688
6	0,12177764	0,12160480	0,12143213	0,12125961	0,12108725
7	0,09769885	0,09752970	0,09736075	0,09719200	0,09702345
8	0,07992507	0,07976103	0,07959723	0,07943366	0,07927033
9	0,06634952	0,06619145	0,06603365	0,06587612	0,06571886
10	0,05570763	0,05555604	0,05540477	0,05525380	0,05510313
11	0,04719428	0,04704949	0,04690503	0,04676091	0,04661712
12	0,04027242	0,04013456	0,03999706	0,03985992	0,03972315
13	0,03456997	0,03443907	0,03430857	0,03417845	0,03404872
14	0,02982094	0,02969697	0,02957341	0,02945026	0,02932751
15	0,02583012	0,02571297	0,02559625	0,02547996	0,02536410
16	0,02245098	0,02234051	0,02223049	0,02212091	0,02201177
17	0,01957139	0,01946742	0,01936391	0,01926085	0,01915824
18	0,01710408	0,01700640	0,01690919	0,01681244	0,01671615
19	0,01498011	0,01488850	0,01479737	0,01470670	0,01461650
20	0,01314435	0,01305857	0,01297327	0,01288844	0,01280409
21	0,01155216	0,01147197	0,01139225	0,01131301	0,01123424
22	0,01016706	0,01009220	0,01001781	0,00994390	0,00987047
23	0,00895896	0,00888917	0,00881986	0,00875102	0,00868265
24	0,00790282	0,00783786	0,00777336	0,00770933	0,00764576
25	0,00697769	0,00691729	0,00685735	0,00679787	0,00673885
26	0,00616589	0,00610981	0,00605418	0,00599900	0,00594427
27	0,00545245	0,00540044	0,00534887	0,00529774	0,00524705
28	0,00482461	0,00477643	0,00472868	0,00468136	0,00463447
29	0,00427143	0,00422685	0,00418269	0,00413895	0,00409562
30	0,00378353	0,00374233	0,00370153	0,00366114	0,00362114
31	0,00335281	0,00331477	0,00327711	0,00323985	0,00320298
32	0,00297226	0,00293717	0,00290245	0,00286812	0,00283415
33	0,00263579	0,00260345	0,00257148	0,00253987	0,00250862
34	0,00233811	0,00230834	0,00227892	0,00224984	0,00222111
35	0,00207459	0,00204721	0,00202016	0,00199345	0,00196706
36	0,00184121	0,00181604	0,00179120	0,00176667	0,00174246
37	0,00163442	0,00161131	0,00158851	0,00156601	0,00154381
38	0,00145112	0,00142992	0,00140901	0,00138838	0,00136804
39	0,00128859	0,00126915	0,00124999	0,00123110	0,00121248
40	0,00114442	0,00112662	0,00110907	0,00109179	0,00107476

Zins	12,00	12,05	12,10	12,15	12,20
Jahre					
1	1,00000000	1,00000000	1,00000000	1,00000000	1,00000000
2	0,47003595	0,46991140	0,46978685	0,46966231	0,46953777
3	0,29422616	0,29406733	0,29390853	0,29374977	0,29359105
4	0,20695041	0,20677978	0,20660922	0,20643875	0,20626834
5	0,15508325	0,15490973	0,15473633	0,15456304	0,15438988
6	0,12091506	0,12074302	0,12057114	0,12039942	0,12022786
7	0,09685510	0,09668694	0,09651899	0,09635123	0,09618367
8	0,07910723	0,07894438	0,07878176	0,07861937	0,07845722
9	0,06556188	0,06540517	0,06524873	0,06509257	0,06493667
10	0,05495277	0,05480271	0,05465296	0,05450352	0,05435438
11	0,04647367	0,04633055	0,04618777	0,04604532	0,04590321
12	0,03958674	0,03945069	0,03931501	0,03917968	0,03904472
13	0,03391937	0,03379041	0,03366184	0,03353365	0,03340585
14	0,02920518	0,02908325	0,02896173	0,02884062	0,02871991
15	0,02524866	0,02513365	0,02501906	0,02490490	0,02479116
16	0,02190307	0,02179481	0,02168699	0,02157961	0,02147266
17	0,01905609	0,01895439	0,01885314	0,01875234	0,01865198
18	0,01662033	0,01652497	0,01643006	0,01633562	0,01624162
19	0,01452677	0,01443751	0,01434871	0,01426038	0,01417250
20	0,01272020	0,01263679	0,01255384	0,01247136	0,01238934
21	0,01115595	0,01107813	0,01100077	0,01092388	0,01084745
22	0,00979750	0,00972500	0,00965297	0,00958140	0,00951029
23	0,00861474	0,00854730	0,00848033	0,00841381	0,00834774
24	0,00758266	0,00752001	0,00745782	0,00739608	0,00733480
25	0,00668029	0,00662217	0,00656450	0,00650728	0,00645050
26	0,00588999	0,00583614	0,00578274	0,00572977	0,00567724
27	0,00519680	0,00514698	0,00509758	0,00504862	0,00500007
28	0,00458800	0,00454195	0,00449632	0,00445111	0,00440630
29	0,00405270	0,00401019	0,00396809	0,00392638	0,00388508
30	0,00358155	0,00354235	0,00350354	0,00346512	0,00342709
31	0,00316649	0,00313038	0,00309465	0,00305929	0,00302431
32	0,00280056	0,00276733	0,00273447	0,00270196	0,00266981
33	0,00247772	0,00244717	0,00241698	0,00238712	0,00235761
34	0,00219272	0,00216467	0,00213695	0,00210955	0,00208249
35	0,00194100	0,00191525	0,00188983	0,00186472	0,00183992
36	0,00171855	0,00169495	0,00167165	0,00164866	0,00162595
37	0,00152190	0,00150028	0,00147895	0,00145791	0,00143714
38	0,00134798	0,00132820	0,00130869	0,00128944	0,00127047
39	0,00119413	0,00117603	0,00115820	0,00114062	0,00112329
40	0,00105797	0,00104144	0,00102515	0,00100910	0,00099329

Zins	12,25	12,30	12,35	12,40	12,45
Jahre					
1	1,00000000	1,00000000	1,00000000	1,00000000	1,00000000
2	0,46941324	0,46928871	0,46916418	0,46903966	0,46891514
3	0,29343236	0,29327371	0,29311510	0,29295652	0,29279798
4	0,20609802	0,20592777	0,20575760	0,20558751	0,20541749
5	0,15421683	0,15404391	0,15387110	0,15369841	0,15352583
6	0,12005646	0,11988521	0,11971413	0,11954321	0,11937244
7	0,09601631	0,09584916	0,09568219	0,09551543	0,09534887
8	0,07829531	0,07813364	0,07797220	0,07781099	0,07765003
9	0,06478105	0,06462570	0,06447062	0,06431581	0,06416127
10	0,05420554	0,05405701	0,05390878	0,05376085	0,05361323
11	0,04576143	0,04561998	0,04547887	0,04533809	0,04519764
12	0,03891011	0,03877587	0,03864199	0,03850846	0,03837530
13	0,03327843	0,03315139	0,03302474	0,03289847	0,03277258
14	0,02859961	0,02847970	0,02836020	0,02824111	0,02812241
15	0,02467783	0,02456493	0,02445245	0,02434039	0,02422875
16	0,02136615	0,02126007	0,02115443	0,02104921	0,02094443
17	0,01855207	0,01845261	0,01835359	0,01825501	0,01815687
18	0,01614809	0,01605500	0,01596237	0,01587018	0,01577845
19	0,01408508	0,01399812	0,01391162	0,01382557	0,01373998
20	0,01230779	0,01222669	0,01214605	0,01206587	0,01198614
21	0,01077148	0,01069598	0,01062093	0,01054634	0,01047220
22	0,00943964	0,00936945	0,00929971	0,00923043	0,00916159
23	0,00828214	0,00821698	0,00815228	0,00808802	0,00802421
24	0,00727396	0,00721357	0,00715362	0,00709411	0,00703504
25	0,00639417	0,00633826	0,00628280	0,00622777	0,00617316
26	0,00562513	0,00557346	0,00552221	0,00547138	0,00542097
27	0,00495195	0,00490424	0,00485694	0,00481006	0,00476358
28	0,00436191	0,00431791	0,00427432	0,00423113	0,00418834
29	0,00384417	0,00380365	0,00376352	0,00372378	0,00368442
30	0,00338943	0,00335216	0,00331525	0,00327872	0,00324256
31	0,00298969	0,00295543	0,00292153	0,00288799	0,00285481
32	0,00263802	0,00260657	0,00257546	0,00254470	0,00251428
33	0,00232843	0,00229959	0,00227108	0,00224290	0,00221504
34	0,00205574	0,00202932	0,00200321	0,00197741	0,00195193
35	0,00181543	0,00179124	0,00176735	0,00174376	0,00172047
36	0,00160354	0,00158142	0,00155959	0,00153803	0,00151676
37	0,00141665	0,00139644	0,00137650	0,00135683	0,00133741
38	0,00125175	0,00123330	0,00121510	0,00119716	0,00117946
39	0,00110621	0,00108937	0,00107278	0,00105643	0,00104031
40	0,00097771	0,00096237	0,00094725	0,00093236	0,00091769

Zins	12,50	12,55	12,60	12,65	12,70
Jahre					
1	1,00000000	1,00000000	1,00000000	1,00000000	1,00000000
2	0,46879063	0,46866612	0,46854161	0,46841711	0,46829261
3	0,29263948	0,29248102	0,29232260	0,29216421	0,29200586
4	0,20524755	0,20507769	0,20490791	0,20473820	0,20456857
5	0,15335338	0,15318105	0,15300883	0,15283673	0,15266475
6	0,11920184	0,11903139	0,11886110	0,11869098	0,11852101
7	0,09518250	0,09501634	0,09485037	0,09468460	0,09451903
8	0,07748930	0,07732880	0,07716855	0,07700852	0,07684874
9	0,06400701	0,06385301	0,06369929	0,06354583	0,06339265
10	0,05346591	0,05331889	0,05317218	0,05302577	0,05287966
11	0,04505753	0,04491775	0,04477829	0,04463918	0,04450039
12	0,03824249	0,03811004	0,03797795	0,03784621	0,03771483
13	0,03264708	0,03252195	0,03239720	0,03227283	0,03214884
14	0,02800412	0,02788622	0,02776873	0,02765163	0,02753493
15	0,02411752	0,02400671	0,02389631	0,02378633	0,02367676
16	0,02084008	0,02073616	0,02063267	0,02052960	0,02042695
17	0,01805918	0,01796192	0,01786510	0,01776871	0,01767276
18	0,01568716	0,01559631	0,01550591	0,01541596	0,01532644
19	0,01365483	0,01357014	0,01348589	0,01340209	0,01331873
20	0,01190687	0,01182804	0,01174966	0,01167173	0,01159425
21	0,01039851	0,01032527	0,01025248	0,01018013	0,01010823
22	0,00909320	0,00902526	0,00895777	0,00889071	0,00882410
23	0,00796084	0,00789791	0,00783542	0,00777337	0,00771175
24	0,00697641	0,00691820	0,00686043	0,00680309	0,00674617
25	0,00611898	0,00606523	0,00601190	0,00595899	0,00590649
26	0,00537098	0,00532140	0,00527224	0,00522348	0,00517512
27	0,00471751	0,00467185	0,00462658	0,00458170	0,00453722
28	0,00414593	0,00410392	0,00406229	0,00402104	0,00398018
29	0,00364543	0,00360683	0,00356859	0,00353073	0,00349323
30	0,00320677	0,00317133	0,00313626	0,00310154	0,00306717
31	0,00282198	0,00278949	0,00275735	0,00272555	0,00269408
32	0,00248420	0,00245445	0,00242502	0,00239593	0,00236715
33	0,00218750	0,00216028	0,00213338	0,00210678	0,00208049
34	0,00192674	0,00190187	0,00187729	0,00185300	0,00182901
35	0,00169746	0,00167474	0,00165231	0,00163016	0,00160828
36	0,00149576	0,00147504	0,00145458	0,00143439	0,00141446
37	0,00131827	0,00129937	0,00128074	0,00126235	0,00124422
38	0,00116201	0,00114481	0,00112784	0,00111112	0,00109462
39	0,00102442	0,00100877	0,00099334	0,00097813	0,00096314
40	0,00090323	0,00088900	0,00087497	0,00086116	0,00084755

Zins	12,75	12,80	12,85	12,90	12,95
Jahre					
1	1,00000000	1,00000000	1,00000000	1,00000000	1,00000000
2	0,46816811	0,46804362	0,46791913	0,46779465	0,46767017
3	0,29184755	0,29168927	0,29153103	0,29137283	0,29121467
4	0,20439902	0,20422955	0,20406015	0,20389083	0,20372159
5	0,15249290	0,15232115	0,15214953	0,15197803	0,15180665
6	0,11835120	0,11818156	0,11801207	0,11784274	0,11767357
7	0,09435366	0,09418849	0,09402352	0,09385875	0,09369417
8	0,07668919	0,07652987	0,07637080	0,07621195	0,07605335
9	0,06323974	0,06308710	0,06293472	0,06278262	0,06263079
10	0,05273386	0,05258835	0,05244315	0,05229825	0,05215365
11	0,04436193	0,04422380	0,04408600	0,04394854	0,04381140
12	0,03758381	0,03745314	0,03732283	0,03719287	0,03706327
13	0,03202523	0,03190200	0,03177914	0,03165666	0,03153456
14	0,02741863	0,02730272	0,02718721	0,02707209	0,02695737
15	0,02356760	0,02345885	0,02335052	0,02324259	0,02313507
16	0,02032474	0,02022294	0,02012157	0,02002062	0,01992009
17	0,01757724	0,01748216	0,01738751	0,01729328	0,01719948
18	0,01523736	0,01514872	0,01506052	0,01497275	0,01488542
19	0,01323581	0,01315334	0,01307130	0,01298971	0,01290855
20	0,01151721	0,01144061	0,01136445	0,01128872	0,01121344
21	0,01003676	0,00996574	0,00989516	0,00982501	0,00975529
22	0,00875792	0,00869217	0,00862686	0,00856198	0,00849753
23	0,00765056	0,00758979	0,00752946	0,00746955	0,00741006
24	0,00668968	0,00663361	0,00657795	0,00652271	0,00646789
25	0,00585441	0,00580273	0,00575147	0,00570061	0,00565016
26	0,00512717	0,00507962	0,00503247	0,00498571	0,00493934
27	0,00449314	0,00444944	0,00440612	0,00436319	0,00432063
28	0,00393970	0,00389958	0,00385984	0,00382047	0,00378147
29	0,00345610	0,00341933	0,00338292	0,00334686	0,00331115
30	0,00303316	0,00299949	0,00296616	0,00293317	0,00290052
31	0,00266296	0,00263216	0,00260169	0,00257155	0,00254173
32	0,00233870	0,00231056	0,00228274	0,00225523	0,00222803
33	0,00205451	0,00202883	0,00200345	0,00197837	0,00195357
34	0,00180531	0,00178190	0,00175876	0,00173591	0,00171334
35	0,00158668	0,00156535	0,00154429	0,00152350	0,00150297
36	0,00139480	0,00137539	0,00135623	0,00133733	0,00131867
37	0,00122632	0,00120868	0,00119127	0,00117409	0,00115715
38	0,00107836	0,00106233	0,00104652	0,00103093	0,00101557
39	0,00094837	0,00093382	0,00091948	0,00090534	0,00089142
40	0,00083415	0,00082095	0,00080795	0,00079514	0,00078253

Zins	13,00	13,05	13,10	13,15	13,20
Jahre					
1	1,00000000	1,00000000	1,00000000	1,00000000	1,00000000
2	0,46754569	0,46742122	0,46729675	0,46717229	0,46704783
3	0,29105655	0,29089846	0,29074041	0,29058240	0,29042443
4	0,20355243	0,20338334	0,20321433	0,20304540	0,20287655
5	0,15163538	0,15146424	0,15129321	0,15112230	0,15095152
6	0,11750456	0,11733572	0,11716703	0,11699850	0,11683013
7	0,09352980	0,09336562	0,09320164	0,09303786	0,09287428
8	0,07589498	0,07573684	0,07557894	0,07542128	0,07526385
9	0,06247923	0,06232794	0,06217691	0,06202616	0,06187568
10	0,05200935	0,05186535	0,05172165	0,05157826	0,05143516
11	0,04367459	0,04353811	0,04340196	0,04326613	0,04313064
12	0,03693402	0,03680513	0,03667658	0,03654839	0,03642055
13	0,03141283	0,03129147	0,03117049	0,03104988	0,03092965
14	0,02684304	0,02672910	0,02661555	0,02650240	0,02638963
15	0,02302796	0,02292126	0,02281496	0,02270907	0,02260358
16	0,01981997	0,01972028	0,01962100	0,01952214	0,01942369
17	0,01710612	0,01701317	0,01692065	0,01682856	0,01673688
18	0,01479852	0,01471204	0,01462600	0,01454039	0,01445520
19	0,01282782	0,01274752	0,01266766	0,01258823	0,01250922
20	0,01113858	0,01106416	0,01099017	0,01091661	0,01084347
21	0,00968600	0,00961715	0,00954872	0,00948071	0,00941313
22	0,00843351	0,00836990	0,00830672	0,00824396	0,00818162
23	0,00735099	0,00729233	0,00723409	0,00717627	0,00711885
24	0,00641347	0,00635946	0,00630586	0,00625266	0,00619986
25	0,00560010	0,00555044	0,00550118	0,00545231	0,00540383
26	0,00489336	0,00484777	0,00480256	0,00475773	0,00471328
27	0,00427845	0,00423665	0,00419521	0,00415415	0,00411345
28	0,00374283	0,00370455	0,00366662	0,00362905	0,00359184
29	0,00327579	0,00324078	0,00320612	0,00317179	0,00313780
30	0,00286821	0,00283623	0,00280457	0,00277325	0,00274224
31	0,00251223	0,00248305	0,00245418	0,00242563	0,00239738
32	0,00220113	0,00217453	0,00214823	0,00212223	0,00209651
33	0,00192907	0,00190485	0,00188092	0,00185727	0,00183389
34	0,00169104	0,00166902	0,00164726	0,00162577	0,00160454
35	0,00148270	0,00146268	0,00144292	0,00142341	0,00140415
36	0,00130026	0,00128209	0,00126415	0,00124646	0,00122900
37	0,00114045	0,00112397	0,00110771	0,00109168	0,00107586
38	0,00100042	0,00098548	0,00097076	0,00095624	0,00094193
39	0,00087769	0,00086417	0,00085084	0,00083771	0,00082478
40	0,00077010	0,00075787	0,00074582	0,00073395	0,00072226

Zins	13,25	13,30	13,35	13,40	13,45
Jahre					
1	1,00000000	1,00000000	1,00000000	1,00000000	1,00000000
2	0,46692338	0,46679893	0,46667448	0,46655004	0,46642560
3	0,29026649	0,29010860	0,28995074	0,28979292	0,28963513
4	0,20270778	0,20253908	0,20237047	0,20220193	0,20203347
5	0,15078085	0,15061030	0,15043987	0,15026956	0,15009937
6	0,11666192	0,11649387	0,11632598	0,11615825	0,11599068
7	0,09271090	0,09254771	0,09238473	0,09222195	0,09205936
8	0,07510666	0,07494970	0,07479297	0,07463649	0,07448023
9	0,06172546	0,06157551	0,06142584	0,06127643	0,06112729
10	0,05129236	0,05114987	0,05100767	0,05086577	0,05072417
11	0,04299547	0,04286063	0,04272611	0,04259192	0,04245806
12	0,03629307	0,03616593	0,03603914	0,03591271	0,03578662
13	0,03080978	0,03069029	0,03057117	0,03045242	0,03033404
14	0,02627725	0,02616526	0,02605366	0,02594245	0,02583162
15	0,02249849	0,02239381	0,02228952	0,02218564	0,02208215
16	0,01932565	0,01922803	0,01913082	0,01903402	0,01893762
17	0,01664563	0,01655479	0,01646438	0,01637438	0,01628479
18	0,01437043	0,01428609	0,01420217	0,01411868	0,01403560
19	0,01243064	0,01235248	0,01227475	0,01219744	0,01212055
20	0,01077076	0,01069847	0,01062661	0,01055516	0,01048413
21	0,00934597	0,00927923	0,00921291	0,00914700	0,00908150
22	0,00811969	0,00805818	0,00799708	0,00793638	0,00787610
23	0,00706184	0,00700524	0,00694903	0,00689324	0,00683783
24	0,00614746	0,00609546	0,00604385	0,00599263	0,00594180
25	0,00535574	0,00530803	0,00526071	0,00521377	0,00516720
26	0,00466921	0,00462550	0,00458217	0,00453921	0,00449661
27	0,00407311	0,00403314	0,00399352	0,00395425	0,00391534
28	0,00355497	0,00351845	0,00348227	0,00344643	0,00341093
29	0,00310414	0,00307082	0,00303782	0,00300515	0,00297281
30	0,00271155	0,00268119	0,00265113	0,00262139	0,00259195
31	0,00236943	0,00234179	0,00231444	0,00228740	0,00226064
32	0,00207109	0,00204596	0,00202111	0,00199654	0,00197225
33	0,00181079	0,00178796	0,00176540	0,00174311	0,00172108
34	0,00158357	0,00156285	0,00154239	0,00152219	0,00150223
35	0,00138513	0,00136635	0,00134782	0,00132952	0,00131145
36	0,00121177	0,00119477	0,00117799	0,00116143	0,00114510
37	0,00106027	0,00104488	0,00102971	0,00101475	0,00099999
38	0,00092783	0,00091392	0,00090021	0,00088670	0,00087338
39	0,00081203	0,00079947	0,00078709	0,00077490	0,00076289
40	0,00071075	0,00069942	0,00068825	0,00067726	0,00066643

Zins	13,50	13,55	13,60	13,65	13,70
Jahre					
1	1,00000000	1,00000000	1,00000000	1,00000000	1,00000000
2	0,46630116	0,46617673	0,46605231	0,46592789	0,46580347
3	0,28947739	0,28931968	0,28916201	0,28900438	0,28884679
4	0,20186508	0,20169678	0,20152855	0,20136040	0,20119233
5	0,14992929	0,14975934	0,14958951	0,14941980	0,14925021
6	0,11582327	0,11565602	0,11548893	0,11532200	0,11515523
7	0,09189697	0,09173478	0,09157279	0,09141100	0,09124941
8	0,07432422	0,07416843	0,07401289	0,07385757	0,07370250
9	0,06097842	0,06082982	0,06068148	0,06053342	0,06038562
10	0,05058287	0,05044187	0,05030116	0,05016076	0,05002065
11	0,04232452	0,04219131	0,04205843	0,04192586	0,04179362
12	0,03566088	0,03553550	0,03541045	0,03528576	0,03516142
13	0,03021603	0,03009838	0,02998111	0,02986420	0,02974765
14	0,02572118	0,02561112	0,02550145	0,02539215	0,02528324
15	0,02197907	0,02187638	0,02177409	0,02167219	0,02157068
16	0,01884164	0,01874606	0,01865088	0,01855611	0,01846175
17	0,01619562	0,01610686	0,01601852	0,01593058	0,01584305
18	0,01395293	0,01387069	0,01378885	0,01370743	0,01362642
19	0,01204407	0,01196801	0,01189237	0,01181714	0,01174232
20	0,01041351	0,01034331	0,01027352	0,01020415	0,01013518
21	0,00901642	0,00895174	0,00888748	0,00882361	0,00876015
22	0,00781621	0,00775673	0,00769765	0,00763897	0,00758069
23	0,00678283	0,00672822	0,00667400	0,00662017	0,00656673
24	0,00589135	0,00584129	0,00579161	0,00574231	0,00569339
25	0,00512101	0,00507519	0,00502974	0,00498466	0,00493994
26	0,00445438	0,00441250	0,00437098	0,00432982	0,00428901
27	0,00387677	0,00383855	0,00380068	0,00376315	0,00372595
28	0,00337576	0,00334093	0,00330643	0,00327225	0,00323840
29	0,00294078	0,00290908	0,00287768	0,00284661	0,00281584
30	0,00256282	0,00253400	0,00250547	0,00247724	0,00244931
31	0,00223418	0,00220800	0,00218211	0,00215650	0,00213117
32	0,00194823	0,00192449	0,00190102	0,00187781	0,00185487
33	0,00169931	0,00167780	0,00165654	0,00163554	0,00161478
34	0,00148251	0,00146304	0,00144381	0,00142482	0,00140606
35	0,00129362	0,00127601	0,00125864	0,00124148	0,00122454
36	0,00112898	0,00111308	0,00109738	0,00108190	0,00106663
37	0,00098544	0,00097108	0,00095693	0,00094297	0,00092920
38	0,00086025	0,00084731	0,00083455	0,00082198	0,00080958
39	0,00075105	0,00073939	0,00072790	0,00071658	0,00070543
40	0,00065577	0,00064528	0,00063494	0,00062476	0,00061474

Zins	13,75	13,80	13,85	13,90	13,95
Jahre					
1	1,00000000	1,00000000	1,00000000	1,00000000	1,00000000
2	0,46567906	0,46555465	0,46543024	0,46530584	0,46518145
3	0,28868924	0,28853172	0,28837425	0,28821681	0,28805941
4	0,20102434	0,20085643	0,20068860	0,20052084	0,20035316
5	0,14908073	0,14891138	0,14874215	0,14857303	0,14840404
6	0,11498862	0,11482218	0,11465589	0,11448976	0,11432379
7	0,09108801	0,09092682	0,09076582	0,09060502	0,09044442
8	0,07354765	0,07339304	0,07323867	0,07308453	0,07293062
9	0,06023809	0,06009082	0,05994383	0,05979710	0,05965064
10	0,04988084	0,04974133	0,04960211	0,04946319	0,04932457
11	0,04166171	0,04153012	0,04139885	0,04126791	0,04113729
12	0,03503742	0,03491376	0,03479046	0,03466749	0,03454488
13	0,02963148	0,02951566	0,02940022	0,02928513	0,02917041
14	0,02517472	0,02506657	0,02495880	0,02485141	0,02474440
15	0,02146957	0,02136886	0,02126853	0,02116859	0,02106905
16	0,01836778	0,01827422	0,01818106	0,01808829	0,01799592
17	0,01575593	0,01566922	0,01558291	0,01549700	0,01541150
18	0,01354583	0,01346564	0,01338585	0,01330647	0,01322750
19	0,01166791	0,01159390	0,01152031	0,01144711	0,01137432
20	0,01006661	0,00999845	0,00993070	0,00986334	0,00979639
21	0,00869710	0,00863444	0,00857218	0,00851031	0,00844884
22	0,00752280	0,00746530	0,00740819	0,00735147	0,00729513
23	0,00651367	0,00646099	0,00640870	0,00635679	0,00630525
24	0,00564484	0,00559667	0,00554886	0,00550142	0,00545435
25	0,00489559	0,00485159	0,00480796	0,00476468	0,00472175
26	0,00424855	0,00420843	0,00416866	0,00412924	0,00409015
27	0,00368909	0,00365257	0,00361638	0,00358051	0,00354497
28	0,00320487	0,00317166	0,00313876	0,00310618	0,00307391
29	0,00278537	0,00275521	0,00272536	0,00269580	0,00266654
30	0,00242167	0,00239432	0,00236725	0,00234047	0,00231397
31	0,00210612	0,00208135	0,00205684	0,00203260	0,00200863
32	0,00183220	0,00180978	0,00178761	0,00176570	0,00174405
33	0,00159428	0,00157401	0,00155399	0,00153421	0,00151466
34	0,00138754	0,00136924	0,00135117	0,00133333	0,00131571
35	0,00120783	0,00119132	0,00117504	0,00115896	0,00114309
36	0,00105156	0,00103669	0,00102201	0,00100754	0,00099326
37	0,00091563	0,00090224	0,00088904	0,00087602	0,00086319
38	0,00079736	0,00078532	0,00077346	0,00076176	0,00075023
39	0,00069445	0,00068363	0,00067297	0,00066246	0,00065212
40	0,00060487	0,00059515	0,00058558	0,00057616	0,00056689

Zins	14,00	14,05	14,10	14,15	14,20
Jahre					
1	1,00000000	1,00000000	1,00000000	1,00000000	1,00000000
2	0,46505705	0,46493267	0,46480828	0,46468391	0,46455953
3	0,28790204	0,28774472	0,28758744	0,28743019	0,28727298
4	0,20018557	0,20001805	0,19985061	0,19968324	0,19951596
5	0,14823516	0,14806641	0,14789778	0,14772926	0,14756087
6	0,11415798	0,11399234	0,11382685	0,11366152	0,11349635
7	0,09028402	0,09012382	0,08996381	0,08980401	0,08964440
8	0,07277695	0,07262352	0,07247031	0,07231735	0,07216461
9	0,05950444	0,05935852	0,05921285	0,05906746	0,05892233
10	0,04918624	0,04904821	0,04891047	0,04877304	0,04863589
11	0,04100699	0,04087701	0,04074735	0,04061801	0,04048900
12	0,03442260	0,03430067	0,03417909	0,03405784	0,03393694
13	0,02905605	0,02894206	0,02882842	0,02871515	0,02860223
14	0,02463777	0,02453151	0,02442563	0,02432012	0,02421499
15	0,02096989	0,02087112	0,02077274	0,02067474	0,02057713
16	0,01790395	0,01781238	0,01772119	0,01763040	0,01754001
17	0,01532639	0,01524169	0,01515739	0,01507348	0,01498996
18	0,01314893	0,01307076	0,01299299	0,01291561	0,01283864
19	0,01130194	0,01122995	0,01115836	0,01108716	0,01101636
20	0,00972983	0,00966367	0,00959790	0,00953253	0,00946754
21	0,00838776	0,00832707	0,00826677	0,00820685	0,00814731
22	0,00723918	0,00718361	0,00712842	0,00707360	0,00701917
23	0,00625408	0,00620329	0,00615286	0,00610281	0,00605311
24	0,00540763	0,00536128	0,00531529	0,00526966	0,00522437
25	0,00467917	0,00463695	0,00459506	0,00455352	0,00451232
26	0,00405140	0,00401298	0,00397490	0,00393715	0,00389972
27	0,00350975	0,00347486	0,00344028	0,00340602	0,00337207
28	0,00304195	0,00301030	0,00297895	0,00294790	0,00291715
29	0,00263757	0,00260889	0,00258051	0,00255241	0,00252459
30	0,00228775	0,00226180	0,00223613	0,00221073	0,00218560
31	0,00198493	0,00196148	0,00193829	0,00191536	0,00189268
32	0,00172264	0,00170148	0,00168056	0,00165988	0,00163944
33	0,00149535	0,00147627	0,00145742	0,00143879	0,00142039
34	0,00129831	0,00128112	0,00126415	0,00124739	0,00123085
35	0,00112742	0,00111196	0,00109670	0,00108164	0,00106677
36	0,00097917	0,00096528	0,00095156	0,00093804	0,00092470
37	0,00085053	0,00083805	0,00082574	0,00081361	0,00080164
38	0,00073887	0,00072767	0,00071663	0,00070576	0,00069504
39	0,00064193	0,00063189	0,00062200	0,00061226	0,00060267
40	0,00055775	0,00054876	0,00053991	0,00053119	0,00052261

Zins	14,25	14,30	14,35	14,40	14,45
Jahre					
1	1,00000000	1,00000000	1,00000000	1,00000000	1,00000000
2	0,46443516	0,46431080	0,46418644	0,46406208	0,46393773
3	0,28711581	0,28695868	0,28680159	0,28664454	0,28648752
4	0,19934876	0,19918163	0,19901458	0,19884762	0,19868073
5	0,14739260	0,14722444	0,14705641	0,14688850	0,14672070
6	0,11333135	0,11316650	0,11300182	0,11283729	0,11267293
7	0,08948499	0,08932578	0,08916677	0,08900796	0,08884934
8	0,07201211	0,07185985	0,07170781	0,07155601	0,07140445
9	0,05877747	0,05863288	0,05848855	0,05834448	0,05820068
10	0,04849904	0,04836249	0,04822623	0,04809026	0,04795459
11	0,04036030	0,04023193	0,04010387	0,03997613	0,03984871
12	0,03381638	0,03369616	0,03357628	0,03345674	0,03333754
13	0,02848968	0,02837748	0,02826565	0,02815416	0,02804304
14	0,02411023	0,02400584	0,02390183	0,02379819	0,02369491
15	0,02047990	0,02038305	0,02028658	0,02019050	0,02009480
16	0,01745000	0,01736038	0,01727116	0,01718231	0,01709386
17	0,01490685	0,01482412	0,01474179	0,01465985	0,01457829
18	0,01276206	0,01268587	0,01261007	0,01253467	0,01245965
19	0,01094596	0,01087594	0,01080632	0,01073708	0,01066823
20	0,00940294	0,00933873	0,00927491	0,00921147	0,00914841
21	0,00808816	0,00802939	0,00797100	0,00791298	0,00785534
22	0,00696510	0,00691141	0,00685808	0,00680513	0,00675253
23	0,00600379	0,00595482	0,00590621	0,00585796	0,00581006
24	0,00517944	0,00513486	0,00509063	0,00504673	0,00500319
25	0,00447146	0,00443094	0,00439075	0,00435089	0,00431136
26	0,00386262	0,00382584	0,00378938	0,00375325	0,00371742
27	0,00333843	0,00330510	0,00327208	0,00323936	0,00320694
28	0,00288669	0,00285653	0,00282666	0,00279708	0,00276778
29	0,00249705	0,00246979	0,00244281	0,00241610	0,00238967
30	0,00216073	0,00213613	0,00211179	0,00208771	0,00206388
31	0,00187026	0,00184808	0,00182615	0,00180446	0,00178301
32	0,00161924	0,00159927	0,00157953	0,00156002	0,00154074
33	0,00140221	0,00138425	0,00136651	0,00134898	0,00133166
34	0,00121451	0,00119837	0,00118244	0,00116670	0,00115117
35	0,00105210	0,00103761	0,00102332	0,00100921	0,00099529
36	0,00091153	0,00089855	0,00088574	0,00087310	0,00086064
37	0,00078985	0,00077821	0,00076675	0,00075544	0,00074429
38	0,00068448	0,00067407	0,00066381	0,00065370	0,00064373
39	0,00059322	0,00058391	0,00057474	0,00056571	0,00055681
40	0,00051417	0,00050585	0,00049766	0,00048960	0,00048166

Zins	14,50	14,55	14,60	14,65	14,70
Jahre					
1	1,00000000	1,00000000	1,00000000	1,00000000	1,00000000
2	0,46381338	0,46368904	0,46356470	0,46344036	0,46331603
3	0,28633055	0,28617361	0,28601671	0,28585985	0,28570303
4	0,19851392	0,19834719	0,19818054	0,19801397	0,19784748
5	0,14655303	0,14638548	0,14621805	0,14605074	0,14588355
6	0,11250872	0,11234468	0,11218080	0,11201707	0,11185351
7	0,08869093	0,08853271	0,08837469	0,08821687	0,08805925
8	0,07125312	0,07110202	0,07095115	0,07080052	0,07065012
9	0,05805715	0,05791388	0,05777088	0,05762814	0,05748567
10	0,04781921	0,04768413	0,04754934	0,04741484	0,04728063
11	0,03972161	0,03959483	0,03946837	0,03934222	0,03921639
12	0,03321868	0,03310016	0,03298198	0,03286413	0,03274663
13	0,02793227	0,02782186	0,02771180	0,02760210	0,02749275
14	0,02359201	0,02348947	0,02338730	0,02328550	0,02318406
15	0,01999947	0,01990452	0,01980995	0,01971576	0,01962194
16	0,01700579	0,01691810	0,01683080	0,01674387	0,01665733
17	0,01449713	0,01441635	0,01433595	0,01425594	0,01417632
18	0,01238503	0,01231078	0,01223693	0,01216345	0,01209036
19	0,01059976	0,01053168	0,01046398	0,01039666	0,01032972
20	0,00908573	0,00902342	0,00896150	0,00889994	0,00883877
21	0,00779807	0,00774117	0,00768464	0,00762847	0,00757267
22	0,00670031	0,00664844	0,00659693	0,00654578	0,00649498
23	0,00576251	0,00571532	0,00566847	0,00562197	0,00557581
24	0,00495998	0,00491711	0,00487458	0,00483238	0,00479051
25	0,00427216	0,00423329	0,00419473	0,00415650	0,00411858
26	0,00368191	0,00364671	0,00361182	0,00357723	0,00354295
27	0,00317482	0,00314300	0,00311147	0,00308023	0,00304928
28	0,00273877	0,00271004	0,00268159	0,00265341	0,00262551
29	0,00236350	0,00233760	0,00231196	0,00228658	0,00226147
30	0,00204031	0,00201699	0,00199391	0,00197109	0,00194851
31	0,00176180	0,00174083	0,00172009	0,00169959	0,00167931
32	0,00152168	0,00150284	0,00148422	0,00146582	0,00144764
33	0,00131456	0,00129766	0,00128096	0,00126447	0,00124818
34	0,00113583	0,00112068	0,00110573	0,00109096	0,00107638
35	0,00098155	0,00096799	0,00095461	0,00094141	0,00092837
36	0,00084834	0,00083622	0,00082425	0,00081246	0,00080082
37	0,00073330	0,00072246	0,00071178	0,00070125	0,00069086
38	0,00063392	0,00062424	0,00061471	0,00060532	0,00059606
39	0,00054805	0,00053942	0,00053093	0,00052256	0,00051431
40	0,00047385	0,00046616	0,00045859	0,00045114	0,00044381

Zins	14,75	14,80	14,85	14,90	14,95
Jahre					
1	1,00000000	1,00000000	1,00000000	1,00000000	1,00000000
2	0,46319171	0,46306739	0,46294307	0,46281876	0,46269446
3	0,28554625	0,28538951	0,28523280	0,28507614	0,28491952
4	0,19768106	0,19751473	0,19734848	0,19718230	0,19701621
5	0,14571648	0,14554953	0,14538270	0,14521599	0,14504940
6	0,11169011	0,11152687	0,11136379	0,11120087	0,11103811
7	0,08790182	0,08774460	0,08758757	0,08743074	0,08727411
8	0,07049996	0,07035002	0,07020033	0,07005086	0,06990162
9	0,05734346	0,05720152	0,05705984	0,05691842	0,05677727
10	0,04714672	0,04701310	0,04687977	0,04674673	0,04661399
11	0,03909087	0,03896568	0,03884079	0,03871623	0,03859197
12	0,03262945	0,03251262	0,03239612	0,03227995	0,03216412
13	0,02738375	0,02727510	0,02716681	0,02705886	0,02695127
14	0,02308299	0,02298229	0,02288194	0,02278196	0,02268235
15	0,01952849	0,01943542	0,01934272	0,01925039	0,01915842
16	0,01657117	0,01648538	0,01639998	0,01631495	0,01623029
17	0,01409707	0,01401820	0,01393972	0,01386161	0,01378387
18	0,01201765	0,01194532	0,01187337	0,01180179	0,01173058
19	0,01026316	0,01019697	0,01013115	0,01006571	0,01000063
20	0,00877796	0,00871752	0,00865745	0,00859774	0,00853840
21	0,00751723	0,00746216	0,00740744	0,00735308	0,00729907
22	0,00644454	0,00639444	0,00634470	0,00629530	0,00624625
23	0,00553000	0,00548452	0,00543938	0,00539458	0,00535011
24	0,00474897	0,00470775	0,00466687	0,00462630	0,00458606
25	0,00408098	0,00404370	0,00400672	0,00397005	0,00393369
26	0,00350897	0,00347529	0,00344191	0,00340882	0,00337602
27	0,00301862	0,00298824	0,00295815	0,00292833	0,00289879
28	0,00259789	0,00257053	0,00254344	0,00251661	0,00249005
29	0,00223660	0,00221200	0,00218765	0,00216354	0,00213969
30	0,00192617	0,00190406	0,00188220	0,00186057	0,00183918
31	0,00165926	0,00163943	0,00161983	0,00160045	0,00158128
32	0,00142966	0,00141190	0,00139435	0,00137700	0,00135985
33	0,00123208	0,00121619	0,00120048	0,00118497	0,00116965
34	0,00106199	0,00104778	0,00103375	0,00101989	0,00100622
35	0,00091551	0,00090282	0,00089030	0,00087794	0,00086574
36	0,00078934	0,00077801	0,00076685	0,00075583	0,00074497
37	0,00068063	0,00067053	0,00066059	0,00065078	0,00064111
38	0,00058694	0,00057796	0,00056910	0,00056038	0,00055178
39	0,00050619	0,00049820	0,00049032	0,00048257	0,00047493
40	0,00043658	0,00042948	0,00042248	0,00041559	0,00040882

Zins	15,00	15,05	15,10	15,15	15,20
Jahre					
1	1,00000000	1,00000000	1,00000000	1,00000000	1,00000000
2	0,46257015	0,46244586	0,46232156	0,46219728	0,46207299
3	0,28476293	0,28460638	0,28444987	0,28429341	0,28413698
4	0,19685019	0,19668425	0,19651840	0,19635262	0,19618693
5	0,14488294	0,14471659	0,14455037	0,14438426	0,14421828
6	0,11087551	0,11071307	0,11055080	0,11038868	0,11022672
7	0,08711767	0,08696144	0,08680540	0,08664956	0,08649392
8	0,06975262	0,06960386	0,06945532	0,06930702	0,06915894
9	0,05663638	0,05649576	0,05635540	0,05621530	0,05607546
10	0,04648153	0,04634937	0,04621749	0,04608591	0,04595462
11	0,03846803	0,03834441	0,03822110	0,03809810	0,03797542
12	0,03204862	0,03193346	0,03181863	0,03170413	0,03158996
13	0,02684403	0,02673713	0,02663058	0,02652438	0,02641853
14	0,02258309	0,02248419	0,02238565	0,02228747	0,02218965
15	0,01906683	0,01897561	0,01888475	0,01879426	0,01870414
16	0,01614600	0,01606209	0,01597855	0,01589538	0,01581258
17	0,01370651	0,01362953	0,01355292	0,01347667	0,01340080
18	0,01165975	0,01158929	0,01151921	0,01144948	0,01138013
19	0,00993593	0,00987159	0,00980762	0,00974401	0,00968077
20	0,00847942	0,00842080	0,00836254	0,00830463	0,00824709
21	0,00724542	0,00719212	0,00713917	0,00708657	0,00703432
22	0,00619754	0,00614918	0,00610115	0,00605346	0,00600610
23	0,00530597	0,00526216	0,00521868	0,00517553	0,00513269
24	0,00454613	0,00450652	0,00446723	0,00442824	0,00438957
25	0,00389764	0,00386189	0,00382644	0,00379128	0,00375643
26	0,00334351	0,00331130	0,00327936	0,00324771	0,00321635
27	0,00286953	0,00284054	0,00281182	0,00278337	0,00275519
28	0,00246374	0,00243770	0,00241191	0,00238637	0,00236109
29	0,00211608	0,00209271	0,00206958	0,00204669	0,00202404
30	0,00181801	0,00179708	0,00177636	0,00175588	0,00173561
31	0,00156233	0,00154360	0,00152507	0,00150676	0,00148865
32	0,00134291	0,00132616	0,00130961	0,00129326	0,00127710
33	0,00115452	0,00113957	0,00112480	0,00111022	0,00109581
34	0,00099271	0,00097938	0,00096622	0,00095323	0,00094040
35	0,00085371	0,00084183	0,00083012	0,00081855	0,00080714
36	0,00073425	0,00072369	0,00071326	0,00070298	0,00069285
37	0,00063158	0,00062218	0,00061292	0,00060379	0,00059479
38	0,00054331	0,00053496	0,00052674	0,00051864	0,00051066
39	0,00046741	0,00046001	0,00045271	0,00044553	0,00043846
40	0,00040214	0,00039558	0,00038911	0,00038275	0,00037649

Zins	15,25	15,30	15,35	15,40	15,45
Jahre					
1	1,00000000	1,00000000	1,00000000	1,00000000	1,00000000
2	0,46194872	0,46182444	0,46170017	0,46157591	0,46145165
3	0,28398059	0,28382424	0,28366793	0,28351165	0,28335542
4	0,19602131	0,19585577	0,19569031	0,19552494	0,19535964
5	0,14405242	0,14388667	0,14372105	0,14355555	0,14339018
6	0,11006493	0,10990329	0,10974182	0,10958051	0,10941935
7	0,08633848	0,08618323	0,08602819	0,08587334	0,08571868
8	0,06901110	0,06886350	0,06871612	0,06856898	0,06842207
9	0,05593589	0,05579658	0,05565753	0,05551875	0,05538023
10	0,04582361	0,04569290	0,04556247	0,04543233	0,04530248
11	0,03785304	0,03773098	0,03760924	0,03748780	0,03736667
12	0,03147612	0,03136262	0,03124944	0,03113660	0,03102408
13	0,02631302	0,02620786	0,02610304	0,02599857	0,02589443
14	0,02209219	0,02199508	0,02189832	0,02180192	0,02170588
15	0,01861438	0,01852498	0,01843594	0,01834727	0,01825895
16	0,01573015	0,01564808	0,01556638	0,01548504	0,01540407
17	0,01332530	0,01325016	0,01317539	0,01310098	0,01302693
18	0,01131115	0,01124252	0,01117426	0,01110636	0,01103883
19	0,00961788	0,00955536	0,00949319	0,00943138	0,00936992
20	0,00818989	0,00813305	0,00807655	0,00802041	0,00796461
21	0,00698241	0,00693084	0,00687961	0,00682872	0,00677817
22	0,00595908	0,00591239	0,00586603	0,00582000	0,00577429
23	0,00509018	0,00504799	0,00500611	0,00496455	0,00492331
24	0,00435120	0,00431315	0,00427539	0,00423794	0,00420078
25	0,00372186	0,00368759	0,00365361	0,00361991	0,00358650
26	0,00318526	0,00315445	0,00312391	0,00309365	0,00306366
27	0,00272727	0,00269962	0,00267222	0,00264508	0,00261820
28	0,00233606	0,00231127	0,00228673	0,00226243	0,00223837
29	0,00200163	0,00197944	0,00195749	0,00193576	0,00191426
30	0,00171557	0,00169574	0,00167612	0,00165672	0,00163753
31	0,00147075	0,00145305	0,00143555	0,00141825	0,00140115
32	0,00126113	0,00124535	0,00122976	0,00121435	0,00119912
33	0,00108158	0,00106753	0,00105365	0,00103994	0,00102641
34	0,00092774	0,00091524	0,00090290	0,00089072	0,00087870
35	0,00079589	0,00078478	0,00077382	0,00076301	0,00075234
36	0,00068285	0,00067299	0,00066327	0,00065368	0,00064422
37	0,00058592	0,00057718	0,00056856	0,00056007	0,00055169
38	0,00050280	0,00049505	0,00048742	0,00047990	0,00047249
39	0,00043149	0,00042464	0,00041788	0,00041123	0,00040469
40	0,00037033	0,00036426	0,00035829	0,00035242	0,00034663

Zins	15,50	15,55	15,60	15,65	15,70
Jahre					
1	1,00000000	1,00000000	1,00000000	1,00000000	1,00000000
2	0,46132739	0,46120314	0,46107890	0,46095466	0,46083042
3	0,28319923	0,28304307	0,28288696	0,28273089	0,28257485
4	0,19519442	0,19502928	0,19486422	0,19469925	0,19453435
5	0,14322492	0,14305978	0,14289477	0,14272987	0,14256510
6	0,10925836	0,10909753	0,10893686	0,10877635	0,10861600
7	0,08556423	0,08540998	0,08525592	0,08510206	0,08494839
8	0,06827539	0,06812894	0,06798272	0,06783674	0,06769098
9	0,05524197	0,05510397	0,05496623	0,05482875	0,05469154
10	0,04517292	0,04504365	0,04491467	0,04478597	0,04465756
11	0,03724586	0,03712535	0,03700515	0,03688527	0,03676569
12	0,03091189	0,03080003	0,03068850	0,03057729	0,03046641
13	0,02579065	0,02568720	0,02558409	0,02548133	0,02537891
14	0,02161019	0,02151484	0,02141985	0,02132521	0,02123092
15	0,01817100	0,01808340	0,01799616	0,01790927	0,01782274
16	0,01532345	0,01524320	0,01516331	0,01508378	0,01500460
17	0,01295325	0,01287993	0,01280696	0,01273436	0,01266211
18	0,01097165	0,01090483	0,01083836	0,01077225	0,01070649
19	0,00930882	0,00924806	0,00918766	0,00912761	0,00906790
20	0,00790916	0,00785405	0,00779928	0,00774485	0,00769076
21	0,00672795	0,00667807	0,00662852	0,00657929	0,00653040
22	0,00572891	0,00568385	0,00563911	0,00559469	0,00555058
23	0,00488237	0,00484174	0,00480143	0,00476141	0,00472170
24	0,00416393	0,00412737	0,00409110	0,00405512	0,00401944
25	0,00355338	0,00352053	0,00348797	0,00345568	0,00342367
26	0,00303393	0,00300448	0,00297528	0,00294635	0,00291768
27	0,00259157	0,00256520	0,00253907	0,00251319	0,00248755
28	0,00221455	0,00219096	0,00216761	0,00214450	0,00212161
29	0,00189298	0,00187193	0,00185109	0,00183047	0,00181007
30	0,00161855	0,00159978	0,00158121	0,00156285	0,00154468
31	0,00138424	0,00136752	0,00135099	0,00133466	0,00131851
32	0,00118408	0,00116921	0,00115452	0,00114001	0,00112566
33	0,00101303	0,00099983	0,00098679	0,00097391	0,00096118
34	0,00086683	0,00085511	0,00084354	0,00083212	0,00082085
35	0,00074181	0,00073143	0,00072118	0,00071107	0,00070110
36	0,00063490	0,00062570	0,00061663	0,00060769	0,00059887
37	0,00054344	0,00053530	0,00052729	0,00051938	0,00051159
38	0,00046519	0,00045800	0,00045092	0,00044394	0,00043707
39	0,00039824	0,00039189	0,00038564	0,00037949	0,00037343
40	0,00034094	0,00033534	0,00032983	0,00032441	0,00031907

Zins	15,75	15,80	15,85	15,90	15,95
Jahre					
1	1,00000000	1,00000000	1,00000000	1,00000000	1,00000000
2	0,46070619	0,46058197	0,46045775	0,46033353	0,46020932
3	0,28241886	0,28226290	0,28210698	0,28195111	0,28179527
4	0,19436953	0,19420480	0,19404014	0,19387556	0,19371107
5	0,14240045	0,14223592	0,14207151	0,14190722	0,14174305
6	0,10845582	0,10829579	0,10813592	0,10797622	0,10781667
7	0,08479493	0,08464166	0,08448859	0,08433572	0,08418305
8	0,06754546	0,06740017	0,06725511	0,06711028	0,06696568
9	0,05455458	0,05441789	0,05428146	0,05414529	0,05400937
10	0,04452943	0,04440160	0,04427405	0,04414678	0,04401980
11	0,03664642	0,03652745	0,03640880	0,03629045	0,03617241
12	0,03035586	0,03024563	0,03013573	0,03002615	0,02991689
13	0,02527682	0,02517507	0,02507366	0,02497259	0,02487185
14	0,02113698	0,02104339	0,02095014	0,02085724	0,02076468
15	0,01773657	0,01765074	0,01756527	0,01748016	0,01739539
16	0,01492578	0,01484732	0,01476921	0,01469145	0,01461405
17	0,01259022	0,01251868	0,01244749	0,01237665	0,01230617
18	0,01064108	0,01057602	0,01051131	0,01044695	0,01038293
19	0,00900854	0,00894952	0,00889084	0,00883250	0,00877450
20	0,00763701	0,00758359	0,00753051	0,00747775	0,00742533
21	0,00648183	0,00643359	0,00638567	0,00633807	0,00629079
22	0,00550679	0,00546331	0,00542014	0,00537728	0,00533473
23	0,00468229	0,00464318	0,00460437	0,00456586	0,00452763
24	0,00398404	0,00394893	0,00391410	0,00387955	0,00384528
25	0,00339193	0,00336046	0,00332926	0,00329833	0,00326766
26	0,00288927	0,00286112	0,00283322	0,00280557	0,00277817
27	0,00246216	0,00243701	0,00241210	0,00238743	0,00236299
28	0,00209895	0,00207652	0,00205431	0,00203233	0,00201056
29	0,00178988	0,00176990	0,00175013	0,00173057	0,00171121
30	0,00152672	0,00150895	0,00149137	0,00147399	0,00145680
31	0,00130254	0,00128676	0,00127115	0,00125573	0,00124048
32	0,00111149	0,00109749	0,00108366	0,00106999	0,00105648
33	0,00094862	0,00093621	0,00092396	0,00091186	0,00089991
34	0,00080973	0,00079875	0,00078791	0,00077721	0,00076665
35	0,00069125	0,00068155	0,00067197	0,00066252	0,00065320
36	0,00059017	0,00058160	0,00057314	0,00056481	0,00055659
37	0,00050392	0,00049635	0,00048890	0,00048155	0,00047430
38	0,00043030	0,00042363	0,00041706	0,00041059	0,00040421
39	0,00036746	0,00036159	0,00035580	0,00035011	0,00034450
40	0,00031381	0,00030865	0,00030356	0,00029855	0,00029363

Zins	16,00	16,05	16,10	16,15	16,20
Jahre					
1	1,00000000	1,00000000	1,00000000	1,00000000	1,00000000
2	0,46008512	0,45996091	0,45983672	0,45971253	0,45958834
3	0,28163947	0,28148372	0,28132800	0,28117232	0,28101669
4	0,19354665	0,19338231	0,19321806	0,19305389	0,19288979
5	0,14157901	0,14141509	0,14125128	0,14108760	0,14092405
6	0,10765729	0,10749806	0,10733900	0,10718010	0,10702136
7	0,08403057	0,08387829	0,08372621	0,08357432	0,08342263
8	0,06682131	0,06667717	0,06653327	0,06638959	0,06624614
9	0,05387372	0,05373833	0,05360320	0,05346832	0,05333371
10	0,04389311	0,04376670	0,04364057	0,04351473	0,04338917
11	0,03605468	0,03593725	0,03582012	0,03570330	0,03558679
12	0,02980796	0,02969934	0,02959106	0,02948309	0,02937544
13	0,02477145	0,02467139	0,02457166	0,02447226	0,02437319
14	0,02067247	0,02058060	0,02048907	0,02039789	0,02030704
15	0,01731097	0,01722689	0,01714317	0,01705979	0,01697676
16	0,01453699	0,01446029	0,01438393	0,01430792	0,01423225
17	0,01223603	0,01216624	0,01209680	0,01202770	0,01195895
18	0,01031926	0,01025593	0,01019294	0,01013030	0,01006799
19	0,00871684	0,00865952	0,00860253	0,00854587	0,00848954
20	0,00737323	0,00732147	0,00727002	0,00721890	0,00716810
21	0,00624383	0,00619718	0,00615085	0,00610482	0,00605911
22	0,00529248	0,00525053	0,00520889	0,00516755	0,00512650
23	0,00448970	0,00445206	0,00441471	0,00437765	0,00434086
24	0,00381129	0,00377758	0,00374414	0,00371097	0,00367807
25	0,00323725	0,00320711	0,00317723	0,00314760	0,00311823
26	0,00275102	0,00272411	0,00269745	0,00267104	0,00264486
27	0,00233878	0,00231480	0,00229106	0,00226754	0,00224425
28	0,00198901	0,00196768	0,00194656	0,00192566	0,00190496
29	0,00169206	0,00167311	0,00165435	0,00163580	0,00161744
30	0,00143980	0,00142299	0,00140636	0,00138991	0,00137365
31	0,00122541	0,00121052	0,00119579	0,00118123	0,00116684
32	0,00104314	0,00102996	0,00101693	0,00100406	0,00099135
33	0,00088811	0,00087646	0,00086496	0,00085359	0,00084237
34	0,00075623	0,00074594	0,00073579	0,00072577	0,00071588
35	0,00064400	0,00063493	0,00062598	0,00061715	0,00060844
36	0,00054848	0,00054049	0,00053261	0,00052484	0,00051718
37	0,00046717	0,00046013	0,00045320	0,00044637	0,00043963
38	0,00039793	0,00039175	0,00038566	0,00037965	0,00037374
39	0,00033898	0,00033355	0,00032820	0,00032293	0,00031775
40	0,00028878	0,00028401	0,00027931	0,00027470	0,00027015

Zins	16,25	16,30	16,35	16,40	16,45
Jahre					
1	1,00000000	1,00000000	1,00000000	1,00000000	1,00000000
2	0,45946416	0,45933998	0,45921581	0,45909165	0,45896749
3	0,28086109	0,28070553	0,28055001	0,28039454	0,28023910
4	0,19272578	0,19256185	0,19239799	0,19223422	0,19207053
5	0,14076061	0,14059729	0,14043410	0,14027103	0,14010807
6	0,10686278	0,10670436	0,10654610	0,10638801	0,10623007
7	0,08327114	0,08311985	0,08296875	0,08281785	0,08266715
8	0,06610293	0,06595994	0,06581718	0,06567465	0,06553236
9	0,05319936	0,05306526	0,05293142	0,05279784	0,05266452
10	0,04326390	0,04313891	0,04301421	0,04288978	0,04276564
11	0,03547058	0,03535468	0,03523907	0,03512377	0,03500877
12	0,02926811	0,02916111	0,02905442	0,02894805	0,02884200
13	0,02427446	0,02417606	0,02407799	0,02398025	0,02388283
14	0,02021654	0,02012637	0,02003655	0,01994706	0,01985791
15	0,01689407	0,01681172	0,01672972	0,01664806	0,01656673
16	0,01415693	0,01408196	0,01400733	0,01393303	0,01385908
17	0,01189054	0,01182246	0,01175473	0,01168734	0,01162029
18	0,01000601	0,00994438	0,00988308	0,00982211	0,00976147
19	0,00843354	0,00837787	0,00832253	0,00826751	0,00821282
20	0,00711762	0,00706746	0,00701762	0,00696809	0,00691888
21	0,00601371	0,00596862	0,00592383	0,00587934	0,00583516
22	0,00508575	0,00504530	0,00500514	0,00496527	0,00492568
23	0,00430437	0,00426815	0,00423221	0,00419655	0,00416116
24	0,00364544	0,00361308	0,00358098	0,00354914	0,00351757
25	0,00308911	0,00306025	0,00303163	0,00300326	0,00297514
26	0,00261892	0,00259322	0,00256775	0,00254251	0,00251751
27	0,00222118	0,00219833	0,00217570	0,00215329	0,00213110
28	0,00188448	0,00186420	0,00184413	0,00182425	0,00180458
29	0,00159928	0,00158130	0,00156352	0,00154593	0,00152852
30	0,00135756	0,00134166	0,00132593	0,00131037	0,00129499
31	0,00115262	0,00113856	0,00112467	0,00111093	0,00109736
32	0,00097879	0,00096638	0,00095412	0,00094201	0,00093004
33	0,00083129	0,00082035	0,00080955	0,00079888	0,00078835
34	0,00070611	0,00069648	0,00068697	0,00067759	0,00066832
35	0,00059985	0,00059137	0,00058301	0,00057477	0,00056663
36	0,00050962	0,00050217	0,00049483	0,00048759	0,00048045
37	0,00043300	0,00042646	0,00042002	0,00041367	0,00040741
38	0,00036792	0,00036219	0,00035654	0,00035097	0,00034549
39	0,00031264	0,00030761	0,00030267	0,00029780	0,00029300
40	0,00026568	0,00026128	0,00025695	0,00025269	0,00024850

Zins	16,50	16,55	16,60	16,65	16,70
Jahre					
1	1,00000000	1,00000000	1,00000000	1,00000000	1,00000000
2	0,45884333	0,45871918	0,45859504	0,45847090	0,45834676
3	0,28008370	0,27992835	0,27977303	0,27961775	0,27946252
4	0,19190692	0,19174339	0,19157994	0,19141658	0,19125329
5	0,13994525	0,13978254	0,13961995	0,13945749	0,13929515
6	0,10607229	0,10591468	0,10575722	0,10559993	0,10544280
7	0,08251665	0,08236634	0,08221623	0,08206631	0,08191659
8	0,06539029	0,06524845	0,06510684	0,06496546	0,06482431
9	0,05253146	0,05239866	0,05226611	0,05213382	0,05200179
10	0,04264178	0,04251821	0,04239491	0,04227190	0,04214916
11	0,03489408	0,03477969	0,03466559	0,03455180	0,03443831
12	0,02873627	0,02863085	0,02852575	0,02842096	0,02831649
13	0,02378575	0,02368900	0,02359257	0,02349647	0,02340069
14	0,01976909	0,01968061	0,01959246	0,01950465	0,01941716
15	0,01648575	0,01640511	0,01632480	0,01624483	0,01616519
16	0,01378547	0,01371219	0,01363926	0,01356666	0,01349439
17	0,01155357	0,01148718	0,01142113	0,01135541	0,01129003
18	0,00970116	0,00964118	0,00958153	0,00952221	0,00946321
19	0,00815845	0,00810440	0,00805066	0,00799725	0,00794415
20	0,00686997	0,00682138	0,00677310	0,00672512	0,00667745
21	0,00579127	0,00574769	0,00570440	0,00566140	0,00561870
22	0,00488639	0,00484738	0,00480865	0,00477021	0,00473205
23	0,00412604	0,00409120	0,00405663	0,00402232	0,00398829
24	0,00348625	0,00345519	0,00342439	0,00339383	0,00336353
25	0,00294726	0,00291962	0,00289222	0,00286507	0,00283814
26	0,00249273	0,00246818	0,00244386	0,00241976	0,00239588
27	0,00210911	0,00208734	0,00206579	0,00204444	0,00202329
28	0,00178511	0,00176584	0,00174676	0,00172788	0,00170918
29	0,00151130	0,00149426	0,00147740	0,00146072	0,00144422
30	0,00127978	0,00126474	0,00124986	0,00123515	0,00122061
31	0,00108394	0,00107068	0,00105757	0,00104462	0,00103181
32	0,00091822	0,00090655	0,00089501	0,00088361	0,00087236
33	0,00077795	0,00076768	0,00075754	0,00074753	0,00073764
34	0,00065918	0,00065016	0,00064126	0,00063247	0,00062380
35	0,00055861	0,00055069	0,00054288	0,00053518	0,00052758
36	0,00047341	0,00046648	0,00045964	0,00045289	0,00044624
37	0,00040124	0,00039517	0,00038918	0,00038328	0,00037747
38	0,00034010	0,00033478	0,00032955	0,00032439	0,00031931
39	0,00028828	0,00028364	0,00027906	0,00027456	0,00027013
40	0,00024437	0,00024032	0,00023632	0,00023239	0,00022853

Zins	16,75	16,80	16,85	16,90	16,95
Jahre					
1	1,00000000	1,00000000	1,00000000	1,00000000	1,00000000
2	0,45822263	0,45809851	0,45797439	0,45785027	0,45772616
3	0,27930732	0,27915217	0,27899705	0,27884197	0,27868694
4	0,19109008	0,19092696	0,19076392	0,19060095	0,19043807
5	0,13913293	0,13897083	0,13880885	0,13864700	0,13848527
6	0,10528583	0,10512902	0,10497237	0,10481588	0,10465955
7	0,08176707	0,08161775	0,08146862	0,08131969	0,08117096
8	0,06468339	0,06454270	0,06440223	0,06426200	0,06412199
9	0,05187001	0,05173849	0,05160723	0,05147622	0,05134547
10	0,04202671	0,04190454	0,04178265	0,04166103	0,04153970
11	0,03432512	0,03421222	0,03409963	0,03398733	0,03387534
12	0,02821234	0,02810850	0,02800497	0,02790175	0,02779885
13	0,02330524	0,02321012	0,02311531	0,02302083	0,02292668
14	0,01933001	0,01924319	0,01915670	0,01907054	0,01898471
15	0,01608589	0,01600692	0,01592828	0,01584998	0,01577200
16	0,01342245	0,01335085	0,01327958	0,01320864	0,01313803
17	0,01122497	0,01116024	0,01109583	0,01103176	0,01096801
18	0,00940453	0,00934617	0,00928814	0,00923042	0,00917303
19	0,00789136	0,00783889	0,00778673	0,00773488	0,00768334
20	0,00663008	0,00658301	0,00653625	0,00648978	0,00644361
21	0,00557630	0,00553418	0,00549235	0,00545081	0,00540955
22	0,00469416	0,00465655	0,00461922	0,00458216	0,00454537
23	0,00395451	0,00392100	0,00388775	0,00385476	0,00382202
24	0,00333348	0,00330368	0,00327413	0,00324482	0,00321575
25	0,00281146	0,00278500	0,00275878	0,00273279	0,00270702
26	0,00237222	0,00234878	0,00232556	0,00230255	0,00227975
27	0,00200235	0,00198162	0,00196108	0,00194075	0,00192061
28	0,00169068	0,00167237	0,00165424	0,00163630	0,00161854
29	0,00142790	0,00141175	0,00139577	0,00137996	0,00136432
30	0,00120622	0,00119200	0,00117794	0,00116403	0,00115028
31	0,00101916	0,00100665	0,00099429	0,00098207	0,00097000
32	0,00086124	0,00085025	0,00083940	0,00082868	0,00081809
33	0,00072788	0,00071825	0,00070873	0,00069934	0,00069006
34	0,00061525	0,00060680	0,00059847	0,00059025	0,00058213
35	0,00052009	0,00051270	0,00050541	0,00049822	0,00049113
36	0,00043969	0,00043323	0,00042686	0,00042058	0,00041439
37	0,00037174	0,00036610	0,00036053	0,00035505	0,00034965
38	0,00031431	0,00030938	0,00030453	0,00029976	0,00029505
39	0,00026577	0,00026147	0,00025724	0,00025308	0,00024899
40	0,00022473	0,00022099	0,00021731	0,00021369	0,00021012

Zins	17,00	17,05	17,10	17,15	17,20
Jahre					
1	1,00000000	1,00000000	1,00000000	1,00000000	1,00000000
2	0,45760206	0,45747796	0,45735387	0,45722978	0,45710570
3	0,27853195	0,27837699	0,27822208	0,27806721	0,27791237
4	0,19027527	0,19011255	0,18994992	0,18978736	0,18962489
5	0,13832366	0,13816217	0,13800080	0,13783956	0,13767844
6	0,10450338	0,10434738	0,10419153	0,10403585	0,10388032
7	0,08102242	0,08087408	0,08072593	0,08057798	0,08043023
8	0,06398221	0,06384266	0,06370334	0,06356424	0,06342538
9	0,05121498	0,05108474	0,05095476	0,05082503	0,05069556
10	0,04141865	0,04129787	0,04117738	0,04105716	0,04093722
11	0,03376364	0,03365224	0,03354113	0,03343032	0,03331981
12	0,02769626	0,02759398	0,02749201	0,02739035	0,02728900
13	0,02283284	0,02273932	0,02264613	0,02255325	0,02246070
14	0,01889920	0,01881402	0,01872917	0,01864464	0,01856043
15	0,01569435	0,01561703	0,01554004	0,01546338	0,01538704
16	0,01306775	0,01299779	0,01292816	0,01285885	0,01278987
17	0,01090458	0,01084147	0,01077868	0,01071622	0,01065407
18	0,00911594	0,00905918	0,00900272	0,00894658	0,00889075
19	0,00763210	0,00758117	0,00753055	0,00748023	0,00743020
20	0,00639774	0,00635216	0,00630688	0,00626189	0,00621718
21	0,00536857	0,00532788	0,00528747	0,00524734	0,00520748
22	0,00450885	0,00447260	0,00443662	0,00440090	0,00436545
23	0,00378955	0,00375732	0,00372535	0,00369363	0,00366216
24	0,00318692	0,00315833	0,00312998	0,00310186	0,00307398
25	0,00268148	0,00265617	0,00263107	0,00260620	0,00258155
26	0,00225716	0,00223479	0,00221262	0,00219065	0,00216889
27	0,00190067	0,00188092	0,00186137	0,00184201	0,00182283
28	0,00160096	0,00158357	0,00156635	0,00154930	0,00153244
29	0,00134885	0,00133355	0,00131841	0,00130343	0,00128862
30	0,00113669	0,00112324	0,00110995	0,00109681	0,00108381
31	0,00095806	0,00094627	0,00093462	0,00092310	0,00091172
32	0,00080763	0,00079730	0,00078709	0,00077701	0,00076706
33	0,00068091	0,00067187	0,00066294	0,00065413	0,00064543
34	0,00057413	0,00056623	0,00055843	0,00055073	0,00054314
35	0,00048414	0,00047724	0,00047043	0,00046372	0,00045711
36	0,00040828	0,00040227	0,00039634	0,00039049	0,00038473
37	0,00034433	0,00033909	0,00033393	0,00032884	0,00032383
38	0,00029042	0,00028586	0,00028136	0,00027694	0,00027258
39	0,00024496	0,00024099	0,00023708	0,00023324	0,00022945
40	0,00020662	0,00020317	0,00019978	0,00019644	0,00019316

Zins	17,25	17,30	17,35	17,40	17,45
Jahre					
1	1,00000000	1,00000000	1,00000000	1,00000000	1,00000000
2	0,45698162	0,45685755	0,45673348	0,45660942	0,45648536
3	0,27775758	0,27760283	0,27744812	0,27729345	0,27713882
4	0,18946249	0,18930018	0,18913795	0,18897580	0,18881373
5	0,13751744	0,13735656	0,13719580	0,13703517	0,13687466
6	0,10372496	0,10356976	0,10341472	0,10325984	0,10310512
7	0,08028268	0,08013532	0,07998815	0,07984119	0,07969441
8	0,06328674	0,06314833	0,06301014	0,06287219	0,06273446
9	0,05056634	0,05043738	0,05030867	0,05018022	0,05005202
10	0,04081755	0,04069817	0,04057906	0,04046022	0,04034167
11	0,03320959	0,03309967	0,03299004	0,03288070	0,03277166
12	0,02718796	0,02708723	0,02698680	0,02688669	0,02678687
13	0,02236846	0,02227654	0,02218493	0,02209364	0,02200267
14	0,01847655	0,01839299	0,01830975	0,01822683	0,01814423
15	0,01531102	0,01523533	0,01515996	0,01508491	0,01501018
16	0,01272120	0,01265286	0,01258484	0,01251714	0,01244975
17	0,01059224	0,01053072	0,01046952	0,01040863	0,01034806
18	0,00883523	0,00878002	0,00872511	0,00867051	0,00861621
19	0,00738048	0,00733106	0,00728193	0,00723310	0,00718456
20	0,00617277	0,00612864	0,00608479	0,00604123	0,00599796
21	0,00516790	0,00512859	0,00508956	0,00505079	0,00501230
22	0,00433025	0,00429532	0,00426065	0,00422623	0,00419206
23	0,00363093	0,00359995	0,00356921	0,00353872	0,00350846
24	0,00304633	0,00301891	0,00299172	0,00296476	0,00293802
25	0,00255711	0,00253289	0,00250888	0,00248509	0,00246150
26	0,00214734	0,00212598	0,00210482	0,00208386	0,00206309
27	0,00180385	0,00178505	0,00176643	0,00174800	0,00172975
28	0,00151574	0,00149922	0,00148287	0,00146668	0,00145067
29	0,00127396	0,00125946	0,00124512	0,00123093	0,00121690
30	0,00107096	0,00105826	0,00104570	0,00103328	0,00102100
31	0,00090047	0,00088935	0,00087837	0,00086751	0,00085678
32	0,00075722	0,00074751	0,00073791	0,00072843	0,00071907
33	0,00063684	0,00062836	0,00061999	0,00061173	0,00060357
34	0,00053565	0,00052826	0,00052096	0,00051377	0,00050667
35	0,00045058	0,00044414	0,00043779	0,00043153	0,00042536
36	0,00037904	0,00037344	0,00036792	0,00036248	0,00035712
37	0,00031889	0,00031402	0,00030922	0,00030450	0,00029985
38	0,00026829	0,00026406	0,00025990	0,00025581	0,00025177
39	0,00022573	0,00022206	0,00021846	0,00021491	0,00021141
40	0,00018993	0,00018675	0,00018363	0,00018055	0,00017753

Zins	17,50	17,55	17,60	17,65	17,70
Jahre					
1	1,00000000	1,00000000	1,00000000	1,00000000	1,00000000
2	0,45636131	0,45623727	0,45611323	0,45598919	0,45586516
3	0,27698424	0,27682969	0,27667518	0,27652072	0,27636629
4	0,18865174	0,18848984	0,18832802	0,18816627	0,18800461
5	0,13671427	0,13655401	0,13639386	0,13623384	0,13607394
6	0,10295056	0,10279616	0,10264192	0,10248784	0,10233393
7	0,07954784	0,07940146	0,07925528	0,07910929	0,07896350
8	0,06259696	0,06245968	0,06232263	0,06218581	0,06204922
9	0,04992407	0,04979638	0,04966894	0,04954175	0,04941482
10	0,04022339	0,04010538	0,03998765	0,03987019	0,03975301
11	0,03266291	0,03255446	0,03244630	0,03233842	0,03223085
12	0,02668737	0,02658817	0,02648927	0,02639068	0,02629239
13	0,02191201	0,02182166	0,02173163	0,02164190	0,02155249
14	0,01806195	0,01797999	0,01789834	0,01781701	0,01773600
15	0,01493577	0,01486168	0,01478791	0,01471445	0,01464131
16	0,01238269	0,01231593	0,01224949	0,01218337	0,01211756
17	0,01028779	0,01022784	0,01016819	0,01010885	0,01004982
18	0,00856222	0,00850852	0,00845513	0,00840204	0,00834924
19	0,00713632	0,00708837	0,00704070	0,00699332	0,00694624
20	0,00595496	0,00591224	0,00586980	0,00582764	0,00578575
21	0,00497407	0,00493611	0,00489841	0,00486097	0,00482380
22	0,00415815	0,00412450	0,00409109	0,00405793	0,00402502
23	0,00347845	0,00344867	0,00341913	0,00338982	0,00336074
24	0,00291151	0,00288522	0,00285914	0,00283329	0,00280766
25	0,00243813	0,00241496	0,00239199	0,00236924	0,00234668
26	0,00204252	0,00202214	0,00200195	0,00198195	0,00196214
27	0,00171167	0,00169378	0,00167606	0,00165852	0,00164115
28	0,00143482	0,00141913	0,00140360	0,00138824	0,00137303
29	0,00120302	0,00118928	0,00117570	0,00116227	0,00114898
30	0,00100886	0,00099686	0,00098499	0,00097326	0,00096166
31	0,00084618	0,00083570	0,00082535	0,00081512	0,00080501
32	0,00070983	0,00070070	0,00069168	0,00068277	0,00067397
33	0,00059551	0,00058756	0,00057972	0,00057197	0,00056432
34	0,00049966	0,00049275	0,00048592	0,00047919	0,00047255
35	0,00041927	0,00041326	0,00040734	0,00040150	0,00039574
36	0,00035183	0,00034662	0,00034148	0,00033642	0,00033143
37	0,00029526	0,00029074	0,00028629	0,00028191	0,00027759
38	0,00024780	0,00024389	0,00024003	0,00023624	0,00023250
39	0,00020797	0,00020459	0,00020126	0,00019798	0,00019475
40	0,00017455	0,00017163	0,00016875	0,00016592	0,00016313

Zins	17,75	17,80	17,85	17,90	17,95
Jahre					
1	1,00000000	1,00000000	1,00000000	1,00000000	1,00000000
2	0,45574114	0,45561712	0,45549311	0,45536910	0,45524510
3	0,27621191	0,27605757	0,27590326	0,27574900	0,27559478
4	0,18784304	0,18768154	0,18752013	0,18735879	0,18719754
5	0,13591416	0,13575451	0,13559498	0,13543557	0,13527628
6	0,10218017	0,10202658	0,10187315	0,10171987	0,10156676
7	0,07881790	0,07867250	0,07852729	0,07838228	0,07823747
8	0,06191285	0,06177670	0,06164079	0,06150510	0,06136963
9	0,04928814	0,04916171	0,04903553	0,04890961	0,04878394
10	0,03963611	0,03951947	0,03940311	0,03928703	0,03917121
11	0,03212356	0,03201656	0,03190985	0,03180343	0,03169730
12	0,02619441	0,02609673	0,02599935	0,02590227	0,02580549
13	0,02146340	0,02137461	0,02128613	0,02119795	0,02111009
14	0,01765530	0,01757491	0,01749484	0,01741507	0,01733562
15	0,01456848	0,01449596	0,01442376	0,01435187	0,01428029
16	0,01205205	0,01198686	0,01192198	0,01185740	0,01179313
17	0,00999109	0,00993266	0,00987454	0,00981672	0,00975920
18	0,00829674	0,00824453	0,00819262	0,00814100	0,00808967
19	0,00689943	0,00685291	0,00680667	0,00676072	0,00671504
20	0,00574413	0,00570278	0,00566171	0,00562090	0,00558036
21	0,00478689	0,00475023	0,00471383	0,00467769	0,00464179
22	0,00399235	0,00395992	0,00392774	0,00389580	0,00386410
23	0,00333190	0,00330328	0,00327489	0,00324673	0,00321879
24	0,00278224	0,00275703	0,00273204	0,00270726	0,00268269
25	0,00232432	0,00230217	0,00228021	0,00225844	0,00223688
26	0,00194252	0,00192308	0,00190382	0,00188474	0,00186584
27	0,00162395	0,00160692	0,00159006	0,00157336	0,00155683
28	0,00135798	0,00134309	0,00132835	0,00131377	0,00129934
29	0,00113583	0,00112283	0,00110997	0,00109724	0,00108466
30	0,00095020	0,00093886	0,00092765	0,00091657	0,00090562
31	0,00079502	0,00078515	0,00077540	0,00076576	0,00075624
32	0,00066528	0,00065670	0,00064822	0,00063985	0,00063158
33	0,00055677	0,00054932	0,00054196	0,00053470	0,00052753
34	0,00046600	0,00045953	0,00045316	0,00044686	0,00044065
35	0,00039006	0,00038446	0,00037893	0,00037349	0,00036811
36	0,00032651	0,00032166	0,00031689	0,00031218	0,00030753
37	0,00027333	0,00026914	0,00026501	0,00026094	0,00025694
38	0,00022883	0,00022521	0,00022164	0,00021813	0,00021467
39	0,00019157	0,00018845	0,00018537	0,00018235	0,00017937
40	0,00016039	0,00015770	0,00015504	0,00015244	0,00014987

Zins	18,00	18,05	18,10	18,15	18,20
Jahre					
1	1,00000000	1,00000000	1,00000000	1,00000000	1,00000000
2	0,45512111	0,45499712	0,45487313	0,45474915	0,45462518
3	0,27544060	0,27528647	0,27513237	0,27497832	0,27482430
4	0,18703637	0,18687529	0,18671428	0,18655336	0,18639252
5	0,13511712	0,13495807	0,13479915	0,13464036	0,13448168
6	0,10141381	0,10126102	0,10110839	0,10095592	0,10080361
7	0,07809285	0,07794843	0,07780420	0,07766017	0,07751633
8	0,06123440	0,06109938	0,06096460	0,06083003	0,06069570
9	0,04865852	0,04853335	0,04840843	0,04828376	0,04815934
10	0,03905567	0,03894040	0,03882540	0,03871068	0,03859622
11	0,03159146	0,03148591	0,03138064	0,03127566	0,03117097
12	0,02570901	0,02561283	0,02551695	0,02542137	0,02532609
13	0,02102253	0,02093528	0,02084834	0,02076170	0,02067536
14	0,01725648	0,01717765	0,01709912	0,01702091	0,01694300
15	0,01420902	0,01413806	0,01406740	0,01399705	0,01392701
16	0,01172916	0,01166550	0,01160215	0,01153909	0,01147633
17	0,00970197	0,00964504	0,00958841	0,00953208	0,00947603
18	0,00803862	0,00798787	0,00793740	0,00788722	0,00783733
19	0,00666964	0,00662452	0,00657967	0,00653510	0,00649080
20	0,00554009	0,00550008	0,00546033	0,00542085	0,00538162
21	0,00460616	0,00457077	0,00453563	0,00450074	0,00446609
22	0,00383264	0,00380141	0,00377042	0,00373966	0,00370913
23	0,00319107	0,00316358	0,00313630	0,00310925	0,00308241
24	0,00265832	0,00263417	0,00261021	0,00258646	0,00256291
25	0,00221550	0,00219431	0,00217332	0,00215251	0,00213189
26	0,00184712	0,00182858	0,00181021	0,00179202	0,00177400
27	0,00154047	0,00152427	0,00150823	0,00149234	0,00147662
28	0,00128505	0,00127092	0,00125694	0,00124310	0,00122940
29	0,00107222	0,00105991	0,00104773	0,00103569	0,00102378
30	0,00089479	0,00088408	0,00087350	0,00086304	0,00085270
31	0,00074683	0,00073754	0,00072835	0,00071927	0,00071030
32	0,00062342	0,00061535	0,00060739	0,00059953	0,00059176
33	0,00052045	0,00051347	0,00050657	0,00049977	0,00049305
34	0,00043453	0,00042849	0,00042252	0,00041664	0,00041084
35	0,00036282	0,00035759	0,00035244	0,00034737	0,00034236
36	0,00030296	0,00029845	0,00029401	0,00028963	0,00028531
37	0,00025299	0,00024910	0,00024527	0,00024149	0,00023778
38	0,00021127	0,00020792	0,00020462	0,00020137	0,00019817
39	0,00017644	0,00017355	0,00017071	0,00016792	0,00016517
40	0,00014735	0,00014487	0,00014243	0,00014003	0,00013767

Zins	18,25	18,30	18,35	18,40	18,45
Jahre					
1	1,00000000	1,00000000	1,00000000	1,00000000	1,00000000
2	0,45450121	0,45437725	0,45425329	0,45412934	0,45400540
3	0,27467033	0,27451640	0,27436251	0,27420866	0,27405485
4	0,18623176	0,18607108	0,18591049	0,18574997	0,18558954
5	0,13432313	0,13416470	0,13400640	0,13384821	0,13369015
6	0,10065146	0,10049948	0,10034765	0,10019599	0,10004448
7	0,07737268	0,07722924	0,07708598	0,07694293	0,07680006
8	0,06056159	0,06042770	0,06029404	0,06016060	0,06002739
9	0,04803518	0,04791126	0,04778759	0,04766418	0,04754101
10	0,03848204	0,03836812	0,03825448	0,03814111	0,03802800
11	0,03106657	0,03096245	0,03085861	0,03075506	0,03065180
12	0,02523110	0,02513641	0,02504201	0,02494792	0,02485411
13	0,02058933	0,02050360	0,02041818	0,02033305	0,02024822
14	0,01686539	0,01678810	0,01671110	0,01663441	0,01655802
15	0,01385727	0,01378783	0,01371870	0,01364986	0,01358133
16	0,01141388	0,01135172	0,01128987	0,01122830	0,01116704
17	0,00942028	0,00936483	0,00930966	0,00925478	0,00920018
18	0,00778771	0,00773838	0,00768933	0,00764055	0,00759206
19	0,00644677	0,00640301	0,00635952	0,00631630	0,00627334
20	0,00534265	0,00530394	0,00526549	0,00522729	0,00518934
21	0,00443169	0,00439753	0,00436361	0,00432994	0,00429650
22	0,00367883	0,00364876	0,00361892	0,00358930	0,00355991
23	0,00305578	0,00302937	0,00300317	0,00297718	0,00295140
24	0,00253956	0,00251641	0,00249346	0,00247070	0,00244814
25	0,00211146	0,00209121	0,00207114	0,00205125	0,00203154
26	0,00175614	0,00173846	0,00172095	0,00170360	0,00168642
27	0,00146105	0,00144564	0,00143039	0,00141528	0,00140033
28	0,00121585	0,00120244	0,00118917	0,00117604	0,00116304
29	0,00101200	0,00100035	0,00098883	0,00097743	0,00096616
30	0,00084247	0,00083237	0,00082238	0,00081250	0,00080274
31	0,00070144	0,00069269	0,00068404	0,00067549	0,00066705
32	0,00058409	0,00057652	0,00056904	0,00056165	0,00055435
33	0,00048642	0,00047987	0,00047341	0,00046704	0,00046074
34	0,00040511	0,00039946	0,00039389	0,00038839	0,00038297
35	0,00033742	0,00033255	0,00032775	0,00032302	0,00031835
36	0,00028105	0,00027686	0,00027273	0,00026866	0,00026464
37	0,00023411	0,00023051	0,00022695	0,00022345	0,00022001
38	0,00019502	0,00019192	0,00018887	0,00018587	0,00018291
39	0,00016246	0,00015980	0,00015718	0,00015460	0,00015207
40	0,00013534	0,00013306	0,00013081	0,00012860	0,00012643

Zins	18,50	18,55	18,60	18,65	18,70
Jahre					
1	1,00000000	1,00000000	1,00000000	1,00000000	1,00000000
2	0,45388146	0,45375753	0,45363360	0,45350968	0,45338576
3	0,27390108	0,27374736	0,27359368	0,27344003	0,27328643
4	0,18542919	0,18526893	0,18510875	0,18494864	0,18478863
5	0,13353222	0,13337440	0,13321671	0,13305914	0,13290169
6	0,09989314	0,09974195	0,09959093	0,09944007	0,09928936
7	0,07665739	0,07651492	0,07637264	0,07623055	0,07608866
8	0,05989440	0,05976163	0,05962909	0,05949678	0,05936469
9	0,04741809	0,04729542	0,04717300	0,04705083	0,04692890
10	0,03791516	0,03780260	0,03769030	0,03757827	0,03746651
11	0,03054882	0,03044612	0,03034371	0,03024157	0,03013973
12	0,02476060	0,02466738	0,02457446	0,02448183	0,02438949
13	0,02016370	0,02007947	0,01999555	0,01991192	0,01982858
14	0,01648193	0,01640614	0,01633066	0,01625547	0,01618058
15	0,01351310	0,01344516	0,01337753	0,01331019	0,01324314
16	0,01110606	0,01104538	0,01098500	0,01092490	0,01086509
17	0,00914588	0,00909186	0,00903812	0,00898467	0,00893149
18	0,00754384	0,00749589	0,00744822	0,00740082	0,00735369
19	0,00623065	0,00618822	0,00614605	0,00610415	0,00606250
20	0,00515164	0,00511420	0,00507700	0,00504005	0,00500334
21	0,00426330	0,00423033	0,00419760	0,00416511	0,00413284
22	0,00353074	0,00350179	0,00347306	0,00344454	0,00341625
23	0,00292582	0,00290046	0,00287529	0,00285034	0,00282558
24	0,00242577	0,00240359	0,00238160	0,00235979	0,00233818
25	0,00201201	0,00199265	0,00197347	0,00195447	0,00193563
26	0,00166940	0,00165254	0,00163584	0,00161931	0,00160293
27	0,00138552	0,00137086	0,00135635	0,00134199	0,00132777
28	0,00115019	0,00113747	0,00112488	0,00111242	0,00110010
29	0,00095501	0,00094399	0,00093309	0,00092230	0,00091164
30	0,00079309	0,00078355	0,00077412	0,00076480	0,00075558
31	0,00065870	0,00065046	0,00064232	0,00063427	0,00062632
32	0,00054715	0,00054004	0,00053301	0,00052608	0,00051923
33	0,00045453	0,00044840	0,00044235	0,00043638	0,00043048
34	0,00037762	0,00037234	0,00036714	0,00036200	0,00035694
35	0,00031374	0,00030921	0,00030473	0,00030032	0,00029597
36	0,00026069	0,00025679	0,00025295	0,00024916	0,00024543
37	0,00021661	0,00021327	0,00020997	0,00020673	0,00020353
38	0,00017999	0,00017713	0,00017430	0,00017152	0,00016879
39	0,00014957	0,00014712	0,00014470	0,00014232	0,00013998
40	0,00012429	0,00012219	0,00012012	0,00011809	0,00011609

Zins	18,75	18,80	18,85	18,90	18,95
Jahre					
1	1,00000000	1,00000000	1,00000000	1,00000000	1,00000000
2	0,45326185	0,45313794	0,45301404	0,45289015	0,45276626
3	0,27313288	0,27297936	0,27282588	0,27267245	0,27251906
4	0,18462869	0,18446884	0,18430906	0,18414938	0,18398977
5	0,13274437	0,13258717	0,13243009	0,13227313	0,13211630
6	0,09913882	0,09898844	0,09883822	0,09868816	0,09853826
7	0,07594697	0,07580547	0,07566416	0,07552304	0,07538213
8	0,05923282	0,05910117	0,05896975	0,05883855	0,05870757
9	0,04680723	0,04668580	0,04656462	0,04644368	0,04632300
10	0,03735501	0,03724378	0,03713282	0,03702212	0,03691169
11	0,03003816	0,02993687	0,02983586	0,02973514	0,02963469
12	0,02429744	0,02420568	0,02411421	0,02402303	0,02393214
13	0,01974554	0,01966280	0,01958036	0,01949820	0,01941634
14	0,01610598	0,01603169	0,01595768	0,01588398	0,01581056
15	0,01317639	0,01310994	0,01304377	0,01297790	0,01291232
16	0,01080558	0,01074635	0,01068741	0,01062875	0,01057037
17	0,00887860	0,00882599	0,00877366	0,00872160	0,00866982
18	0,00730684	0,00726025	0,00721393	0,00716787	0,00712208
19	0,00602111	0,00597997	0,00593909	0,00589847	0,00585810
20	0,00496688	0,00493066	0,00489469	0,00485895	0,00482345
21	0,00410080	0,00406899	0,00403741	0,00400606	0,00397493
22	0,00338817	0,00336030	0,00333264	0,00330520	0,00327797
23	0,00280102	0,00277666	0,00275250	0,00272854	0,00270476
24	0,00231675	0,00229550	0,00227444	0,00225355	0,00223285
25	0,00191697	0,00189848	0,00188015	0,00186199	0,00184399
26	0,00158670	0,00157063	0,00155472	0,00153896	0,00152335
27	0,00131369	0,00129976	0,00128596	0,00127231	0,00125879
28	0,00108791	0,00107584	0,00106390	0,00105209	0,00104040
29	0,00090109	0,00089066	0,00088035	0,00087015	0,00086006
30	0,00074647	0,00073747	0,00072857	0,00071978	0,00071109
31	0,00061847	0,00061071	0,00060304	0,00059547	0,00058799
32	0,00051246	0,00050579	0,00049919	0,00049268	0,00048625
33	0,00042467	0,00041893	0,00041326	0,00040767	0,00040215
34	0,00035194	0,00034701	0,00034214	0,00033735	0,00033261
35	0,00029168	0,00028745	0,00028328	0,00027917	0,00027512
36	0,00024175	0,00023813	0,00023456	0,00023104	0,00022758
37	0,00020038	0,00019728	0,00019423	0,00019122	0,00018825
38	0,00016609	0,00016344	0,00016083	0,00015826	0,00015573
39	0,00013768	0,00013541	0,00013318	0,00013099	0,00012883
40	0,00011413	0,00011219	0,00011029	0,00010842	0,00010658

Zins	19,00	19,05	19,10	19,15	19,20
Jahre					
1	1,00000000	1,00000000	1,00000000	1,00000000	1,00000000
2	0,45264238	0,45251851	0,45239464	0,45227077	0,45214691
3	0,27236571	0,27221240	0,27205913	0,27190590	0,27175272
4	0,18383025	0,18367081	0,18351145	0,18335217	0,18319298
5	0,13195959	0,13180300	0,13164654	0,13149020	0,13133398
6	0,09838852	0,09823894	0,09808953	0,09794027	0,09779117
7	0,07524140	0,07510087	0,07496053	0,07482039	0,07468044
8	0,05857682	0,05844629	0,05831598	0,05818590	0,05805604
9	0,04620256	0,04608236	0,04596242	0,04584271	0,04572326
10	0,03680153	0,03669163	0,03658199	0,03647262	0,03636352
11	0,02953452	0,02943464	0,02933503	0,02923569	0,02913664
12	0,02384154	0,02375123	0,02366120	0,02357146	0,02348200
13	0,01933478	0,01925350	0,01917252	0,01909182	0,01901142
14	0,01573744	0,01566462	0,01559208	0,01551983	0,01544787
15	0,01284703	0,01278203	0,01271731	0,01265288	0,01258874
16	0,01051229	0,01045448	0,01039695	0,01033971	0,01028274
17	0,00861831	0,00856708	0,00851611	0,00846542	0,00841500
18	0,00707656	0,00703129	0,00698629	0,00694154	0,00689706
19	0,00581798	0,00577810	0,00573848	0,00569910	0,00565997
20	0,00478819	0,00475317	0,00471838	0,00468382	0,00464950
21	0,00394402	0,00391334	0,00388287	0,00385262	0,00382259
22	0,00325094	0,00322412	0,00319751	0,00317110	0,00314489
23	0,00268119	0,00265780	0,00263461	0,00261160	0,00258878
24	0,00221233	0,00219198	0,00217181	0,00215181	0,00213198
25	0,00182616	0,00180849	0,00179099	0,00177364	0,00175645
26	0,00150789	0,00149257	0,00147741	0,00146239	0,00144751
27	0,00124541	0,00123216	0,00121905	0,00120607	0,00119322
28	0,00102884	0,00101740	0,00100608	0,00099488	0,00098380
29	0,00085009	0,00084022	0,00083047	0,00082082	0,00081128
30	0,00070249	0,00069400	0,00068560	0,00067731	0,00066911
31	0,00058060	0,00057329	0,00056608	0,00055895	0,00055191
32	0,00047990	0,00047363	0,00046744	0,00046133	0,00045529
33	0,00039670	0,00039132	0,00038602	0,00038078	0,00037561
34	0,00032795	0,00032334	0,00031880	0,00031432	0,00030990
35	0,00027112	0,00026719	0,00026330	0,00025947	0,00025570
36	0,00022416	0,00022079	0,00021747	0,00021421	0,00021098
37	0,00018534	0,00018246	0,00017963	0,00017684	0,00017410
38	0,00015324	0,00015079	0,00014838	0,00014600	0,00014366
39	0,00012671	0,00012462	0,00012256	0,00012054	0,00011855
40	0,00010477	0,00010299	0,00010124	0,00009952	0,00009783

Zins	19,25	19,30	19,35	19,40	19,45
Jahre					
1	1,00000000	1,00000000	1,00000000	1,00000000	1,00000000
2	0,45202306	0,45189922	0,45177538	0,45165154	0,45152771
3	0,27159958	0,27144648	0,27129342	0,27114041	0,27098743
4	0,18303387	0,18287484	0,18271590	0,18255703	0,18239826
5	0,13117789	0,13102192	0,13086607	0,13071034	0,13055474
6	0,09764223	0,09749346	0,09734484	0,09719639	0,09704809
7	0,07454068	0,07440112	0,07426175	0,07412257	0,07398359
8	0,05792640	0,05779698	0,05766778	0,05753880	0,05741005
9	0,04560405	0,04548508	0,04536636	0,04524789	0,04512966
10	0,03625467	0,03614609	0,03603778	0,03592972	0,03582193
11	0,02903786	0,02893936	0,02884113	0,02874318	0,02864551
12	0,02339283	0,02330395	0,02321535	0,02312703	0,02303899
13	0,01893131	0,01885148	0,01877194	0,01869269	0,01861372
14	0,01537621	0,01530483	0,01523373	0,01516292	0,01509240
15	0,01252488	0,01246131	0,01239802	0,01233501	0,01227228
16	0,01022605	0,01016964	0,01011351	0,01005764	0,01000206
17	0,00836485	0,00831497	0,00826535	0,00821600	0,00816691
18	0,00685283	0,00680886	0,00676515	0,00672168	0,00667847
19	0,00562109	0,00558245	0,00554404	0,00550589	0,00546797
20	0,00461540	0,00458154	0,00454790	0,00451449	0,00448131
21	0,00379278	0,00376318	0,00373380	0,00370462	0,00367566
22	0,00311888	0,00309308	0,00306747	0,00304206	0,00301684
23	0,00256615	0,00254370	0,00252144	0,00249935	0,00247745
24	0,00211233	0,00209285	0,00207353	0,00205438	0,00203540
25	0,00173942	0,00172254	0,00170582	0,00168925	0,00167283
26	0,00143278	0,00141819	0,00140374	0,00138943	0,00137526
27	0,00118050	0,00116791	0,00115544	0,00114311	0,00113090
28	0,00097284	0,00096199	0,00095126	0,00094064	0,00093014
29	0,00080184	0,00079252	0,00078329	0,00077417	0,00076515
30	0,00066100	0,00065299	0,00064507	0,00063724	0,00062951
31	0,00054496	0,00053809	0,00053130	0,00052460	0,00051797
32	0,00044933	0,00044345	0,00043764	0,00043190	0,00042624
33	0,00037051	0,00036548	0,00036051	0,00035561	0,00035078
34	0,00030554	0,00030124	0,00029700	0,00029282	0,00028869
35	0,00025198	0,00024831	0,00024469	0,00024112	0,00023761
36	0,00020781	0,00020468	0,00020160	0,00019856	0,00019557
37	0,00017139	0,00016873	0,00016611	0,00016352	0,00016098
38	0,00014136	0,00013909	0,00013686	0,00013467	0,00013251
39	0,00011659	0,00011467	0,00011277	0,00011091	0,00010907
40	0,00009617	0,00009453	0,00009292	0,00009134	0,00008979

Zins	19,50	19,55	19,60	19,65	19,70
Jahre					
1	1,00000000	1,00000000	1,00000000	1,00000000	1,00000000
2	0,45140389	0,45128008	0,45115627	0,45103246	0,45090866
3	0,27083450	0,27068161	0,27052876	0,27037596	0,27022319
4	0,18223956	0,18208095	0,18192242	0,18176397	0,18160561
5	0,13039926	0,13024391	0,13008867	0,12993356	0,12977858
6	0,09689995	0,09675198	0,09660417	0,09645651	0,09630902
7	0,07384480	0,07370620	0,07356780	0,07342959	0,07329157
8	0,05728152	0,05715321	0,05702512	0,05689725	0,05676960
9	0,04501167	0,04489393	0,04477643	0,04465918	0,04454217
10	0,03571440	0,03560714	0,03550013	0,03539338	0,03528690
11	0,02854811	0,02845098	0,02835412	0,02825754	0,02816124
12	0,02295124	0,02286376	0,02277657	0,02268966	0,02260303
13	0,01853504	0,01845664	0,01837853	0,01830070	0,01822315
14	0,01502216	0,01495221	0,01488254	0,01481315	0,01474404
15	0,01220983	0,01214767	0,01208578	0,01202416	0,01196283
16	0,00994674	0,00989170	0,00983693	0,00978243	0,00972819
17	0,00811808	0,00806952	0,00802122	0,00797317	0,00792539
18	0,00663552	0,00659281	0,00655035	0,00650814	0,00646617
19	0,00543028	0,00539284	0,00535563	0,00531865	0,00528191
20	0,00444835	0,00441561	0,00438310	0,00435080	0,00431872
21	0,00364691	0,00361836	0,00359002	0,00356189	0,00353396
22	0,00299182	0,00296700	0,00294236	0,00291792	0,00289366
23	0,00245573	0,00243419	0,00241282	0,00239163	0,00237061
24	0,00201659	0,00199793	0,00197944	0,00196111	0,00194294
25	0,00165657	0,00164045	0,00162448	0,00160866	0,00159298
26	0,00136123	0,00134733	0,00133356	0,00131993	0,00130644
27	0,00111881	0,00110685	0,00109501	0,00108328	0,00107168
28	0,00091975	0,00090947	0,00089930	0,00088924	0,00087928
29	0,00075623	0,00074741	0,00073869	0,00073006	0,00072154
30	0,00062186	0,00061431	0,00060684	0,00059946	0,00059217
31	0,00051143	0,00050497	0,00049858	0,00049228	0,00048605
32	0,00042065	0,00041512	0,00040967	0,00040429	0,00039898
33	0,00034600	0,00034129	0,00033664	0,00033206	0,00032753
34	0,00028462	0,00028061	0,00027665	0,00027274	0,00026889
35	0,00023414	0,00023072	0,00022736	0,00022404	0,00022076
36	0,00019262	0,00018972	0,00018685	0,00018403	0,00018126
37	0,00015847	0,00015600	0,00015357	0,00015118	0,00014882
38	0,00013038	0,00012828	0,00012622	0,00012419	0,00012220
39	0,00010727	0,00010549	0,00010375	0,00010203	0,00010034
40	0,00008826	0,00008675	0,00008527	0,00008382	0,00008239

Zins	19,75	19,80	19,85	19,90	19,95
Jahre					
1	1,00000000	1,00000000	1,00000000	1,00000000	1,00000000
2	0,45078487	0,45066109	0,45053731	0,45041353	0,45028976
3	0,27007047	0,26991779	0,26976516	0,26961256	0,26946001
4	0,18144733	0,18128913	0,18113102	0,18097298	0,18081504
5	0,12962372	0,12946898	0,12931436	0,12915987	0,12900549
6	0,09616168	0,09601451	0,09586749	0,09572064	0,09557395
7	0,07315375	0,07301612	0,07287868	0,07274143	0,07260438
8	0,05664217	0,05651496	0,05638798	0,05626121	0,05613466
9	0,04442540	0,04430887	0,04419259	0,04407655	0,04396075
10	0,03518067	0,03507471	0,03496900	0,03486356	0,03475837
11	0,02806520	0,02796943	0,02787394	0,02777872	0,02768377
12	0,02251668	0,02243060	0,02234481	0,02225929	0,02217405
13	0,01814588	0,01806890	0,01799219	0,01791577	0,01783962
14	0,01467521	0,01460666	0,01453839	0,01447040	0,01440268
15	0,01190176	0,01184098	0,01178046	0,01172022	0,01166025
16	0,00967423	0,00962053	0,00956709	0,00951392	0,00946102
17	0,00787786	0,00783059	0,00778357	0,00773681	0,00769030
18	0,00642445	0,00638297	0,00634174	0,00630075	0,00626000
19	0,00524540	0,00520912	0,00517307	0,00513725	0,00510166
20	0,00428687	0,00425522	0,00422380	0,00419258	0,00416158
21	0,00350624	0,00347871	0,00345139	0,00342426	0,00339734
22	0,00286959	0,00284571	0,00282201	0,00279850	0,00277517
23	0,00234977	0,00232910	0,00230860	0,00228826	0,00226810
24	0,00192493	0,00190708	0,00188938	0,00187184	0,00185445
25	0,00157745	0,00156206	0,00154682	0,00153171	0,00151675
26	0,00129307	0,00127983	0,00126672	0,00125374	0,00124089
27	0,00106020	0,00104883	0,00103758	0,00102645	0,00101543
28	0,00086943	0,00085969	0,00085005	0,00084052	0,00083109
29	0,00071311	0,00070477	0,00069652	0,00068837	0,00068031
30	0,00058496	0,00057784	0,00057080	0,00056384	0,00055696
31	0,00047989	0,00047381	0,00046781	0,00046188	0,00045602
32	0,00039373	0,00038855	0,00038344	0,00037839	0,00037341
33	0,00032306	0,00031866	0,00031431	0,00031001	0,00030578
34	0,00026509	0,00026135	0,00025765	0,00025401	0,00025041
35	0,00021754	0,00021436	0,00021122	0,00020813	0,00020508
36	0,00017852	0,00017582	0,00017316	0,00017054	0,00016796
37	0,00014650	0,00014422	0,00014197	0,00013975	0,00013757
38	0,00012023	0,00011830	0,00011639	0,00011452	0,00011267
39	0,00009867	0,00009704	0,00009543	0,00009384	0,00009229
40	0,00008098	0,00007960	0,00007824	0,00007690	0,00007559

Zins	20,00	20,05	20,10	20,15	20,20
Jahre					
1	1,00000000	1,00000000	1,00000000	1,00000000	1,00000000
2	0,45016600	0,45004225	0,44991850	0,44979476	0,44967102
3	0,26930750	0,26915503	0,26900261	0,26885022	0,26869788
4	0,18065717	0,18049939	0,18034169	0,18018408	0,18002655
5	0,12885125	0,12869712	0,12854312	0,12838925	0,12823549
6	0,09542741	0,09528104	0,09513483	0,09498877	0,09484288
7	0,07246752	0,07233085	0,07219437	0,07205809	0,07192200
8	0,05600833	0,05588223	0,05575634	0,05563067	0,05550522
9	0,04384519	0,04372988	0,04361480	0,04349997	0,04338537
10	0,03465344	0,03454877	0,03444435	0,03434019	0,03423629
11	0,02758908	0,02749467	0,02740052	0,02730665	0,02721304
12	0,02208908	0,02200439	0,02191997	0,02183583	0,02175196
13	0,01776375	0,01768816	0,01761285	0,01753781	0,01746304
14	0,01433524	0,01426808	0,01420119	0,01413457	0,01406822
15	0,01160055	0,01154112	0,01148196	0,01142307	0,01136444
16	0,00940837	0,00935599	0,00930386	0,00925200	0,00920039
17	0,00764404	0,00759803	0,00755227	0,00750676	0,00746150
18	0,00621949	0,00617921	0,00613918	0,00609938	0,00605981
19	0,00506629	0,00503114	0,00499622	0,00496152	0,00492704
20	0,00413079	0,00410021	0,00406984	0,00403968	0,00400972
21	0,00337061	0,00334407	0,00331773	0,00329158	0,00326562
22	0,00275202	0,00272906	0,00270627	0,00268366	0,00266122
23	0,00224810	0,00222827	0,00220860	0,00218910	0,00216975
24	0,00183721	0,00182012	0,00180319	0,00178640	0,00176976
25	0,00150192	0,00148723	0,00147268	0,00145826	0,00144397
26	0,00122816	0,00121555	0,00120307	0,00119071	0,00117847
27	0,00100452	0,00099372	0,00098304	0,00097246	0,00096200
28	0,00082176	0,00081253	0,00080339	0,00079436	0,00078543
29	0,00067234	0,00066447	0,00065667	0,00064897	0,00064136
30	0,00055017	0,00054345	0,00053681	0,00053026	0,00052377
31	0,00045024	0,00044452	0,00043887	0,00043330	0,00042779
32	0,00036849	0,00036363	0,00035883	0,00035410	0,00034942
33	0,00030160	0,00029748	0,00029341	0,00028939	0,00028543
34	0,00024687	0,00024337	0,00023992	0,00023652	0,00023317
35	0,00020208	0,00019912	0,00019620	0,00019332	0,00019048
36	0,00016542	0,00016291	0,00016045	0,00015802	0,00015562
37	0,00013542	0,00013330	0,00013121	0,00012916	0,00012714
38	0,00011086	0,00010907	0,00010731	0,00010558	0,00010387
39	0,00009075	0,00008925	0,00008776	0,00008630	0,00008487
40	0,00007430	0,00007303	0,00007178	0,00007055	0,00006934

Zins	20,25	20,30	20,35	20,40	20,45
Jahre					
1	1,00000000	1,00000000	1,00000000	1,00000000	1,00000000
2	0,44954729	0,44942356	0,44929985	0,44917614	0,44905243
3	0,26854558	0,26839333	0,26824112	0,26808895	0,26793682
4	0,17986910	0,17971173	0,17955445	0,17939726	0,17924014
5	0,12808186	0,12792836	0,12777497	0,12762171	0,12746858
6	0,09469715	0,09455157	0,09440616	0,09426091	0,09411581
7	0,07178610	0,07165039	0,07151487	0,07137955	0,07124441
8	0,05537999	0,05525497	0,05513018	0,05500560	0,05488125
9	0,04327102	0,04315691	0,04304304	0,04292940	0,04281601
10	0,03413265	0,03402926	0,03392613	0,03382325	0,03372063
11	0,02711969	0,02702662	0,02693381	0,02684126	0,02674898
12	0,02166837	0,02158505	0,02150200	0,02141922	0,02133671
13	0,01738855	0,01731434	0,01724039	0,01716672	0,01709332
14	0,01400215	0,01393635	0,01387082	0,01380555	0,01374056
15	0,01130608	0,01124798	0,01119015	0,01113258	0,01107527
16	0,00914904	0,00909795	0,00904711	0,00899653	0,00894620
17	0,00741648	0,00737171	0,00732719	0,00728290	0,00723886
18	0,00602048	0,00598138	0,00594251	0,00590387	0,00586546
19	0,00489279	0,00485875	0,00482492	0,00479132	0,00475792
20	0,00397997	0,00395042	0,00392107	0,00389193	0,00386299
21	0,00323986	0,00321428	0,00318889	0,00316368	0,00313866
22	0,00263896	0,00261688	0,00259497	0,00257323	0,00255166
23	0,00215057	0,00213155	0,00211268	0,00209397	0,00207542
24	0,00175326	0,00173691	0,00172071	0,00170465	0,00168873
25	0,00142982	0,00141580	0,00140191	0,00138815	0,00137451
26	0,00116635	0,00115435	0,00114247	0,00113070	0,00111905
27	0,00095164	0,00094138	0,00093124	0,00092119	0,00091126
28	0,00077659	0,00076784	0,00075919	0,00075064	0,00074217
29	0,00063383	0,00062638	0,00061902	0,00061174	0,00060454
30	0,00051737	0,00051104	0,00050478	0,00049860	0,00049249
31	0,00042235	0,00041698	0,00041167	0,00040643	0,00040125
32	0,00034481	0,00034025	0,00033576	0,00033132	0,00032693
33	0,00028152	0,00027766	0,00027386	0,00027010	0,00026640
34	0,00022986	0,00022660	0,00022338	0,00022021	0,00021708
35	0,00018769	0,00018493	0,00018222	0,00017954	0,00017690
36	0,00015326	0,00015093	0,00014864	0,00014639	0,00014416
37	0,00012515	0,00012319	0,00012126	0,00011936	0,00011749
38	0,00010220	0,00010055	0,00009892	0,00009732	0,00009575
39	0,00008346	0,00008207	0,00008070	0,00007936	0,00007804
40	0,00006815	0,00006699	0,00006584	0,00006471	0,00006360

Zins	20,50	20,55	20,60	20,65	20,70
Jahre					
1	1,00000000	1,00000000	1,00000000	1,00000000	1,00000000
2	0,44892873	0,44880504	0,44868135	0,44855767	0,44843400
3	0,26778473	0,26763269	0,26748069	0,26732873	0,26717682
4	0,17908311	0,17892617	0,17876930	0,17861252	0,17845583
5	0,12731556	0,12716267	0,12700991	0,12685726	0,12670474
6	0,09397088	0,09382610	0,09368149	0,09353703	0,09339274
7	0,07110947	0,07097472	0,07084016	0,07070580	0,07057162
8	0,05475711	0,05463319	0,05450948	0,05438600	0,05426273
9	0,04270285	0,04258994	0,04247726	0,04236482	0,04225262
10	0,03361826	0,03351615	0,03341429	0,03331268	0,03321133
11	0,02665697	0,02656522	0,02647373	0,02638251	0,02629155
12	0,02125447	0,02117250	0,02109080	0,02100936	0,02092820
13	0,01702019	0,01694733	0,01687474	0,01680242	0,01673037
14	0,01367583	0,01361137	0,01354718	0,01348325	0,01341958
15	0,01101823	0,01096144	0,01090491	0,01084864	0,01079263
16	0,00889612	0,00884629	0,00879671	0,00874738	0,00869830
17	0,00719505	0,00715149	0,00710817	0,00706508	0,00702223
18	0,00582728	0,00578932	0,00575159	0,00571408	0,00567680
19	0,00472474	0,00469178	0,00465902	0,00462648	0,00459415
20	0,00383424	0,00380570	0,00377735	0,00374919	0,00372123
21	0,00311383	0,00308918	0,00306471	0,00304042	0,00301631
22	0,00253025	0,00250902	0,00248796	0,00246705	0,00244632
23	0,00205702	0,00203878	0,00202069	0,00200275	0,00198496
24	0,00167295	0,00165731	0,00164180	0,00162644	0,00161121
25	0,00136101	0,00134763	0,00133437	0,00132124	0,00130823
26	0,00110751	0,00109609	0,00108478	0,00107358	0,00106249
27	0,00090142	0,00089168	0,00088205	0,00087251	0,00086308
28	0,00073380	0,00072552	0,00071733	0,00070922	0,00070121
29	0,00059743	0,00059040	0,00058344	0,00057657	0,00056977
30	0,00048646	0,00048049	0,00047460	0,00046878	0,00046302
31	0,00039614	0,00039108	0,00038610	0,00038117	0,00037630
32	0,00032261	0,00031834	0,00031412	0,00030996	0,00030585
33	0,00026274	0,00025913	0,00025557	0,00025206	0,00024860
34	0,00021400	0,00021095	0,00020795	0,00020499	0,00020207
35	0,00017430	0,00017174	0,00016921	0,00016672	0,00016426
36	0,00014197	0,00013982	0,00013769	0,00013560	0,00013353
37	0,00011564	0,00011383	0,00011204	0,00011028	0,00010855
38	0,00009420	0,00009268	0,00009118	0,00008970	0,00008825
39	0,00007673	0,00007546	0,00007420	0,00007296	0,00007174
40	0,00006251	0,00006143	0,00006038	0,00005934	0,00005832

Zins	20,75	20,80	20,85	20,90	20,95
Jahre					
1	1,00000000	1,00000000	1,00000000	1,00000000	1,00000000
2	0,44831033	0,44818667	0,44806302	0,44793937	0,44781573
3	0,26702495	0,26687312	0,26672133	0,26656959	0,26641789
4	0,17829922	0,17814269	0,17798624	0,17782988	0,17767361
5	0,12655235	0,12640008	0,12624793	0,12609590	0,12594400
6	0,09324860	0,09310463	0,09296081	0,09281716	0,09267366
7	0,07043763	0,07030384	0,07017024	0,07003683	0,06990361
8	0,05413968	0,05401684	0,05389423	0,05377183	0,05364964
9	0,04214066	0,04202893	0,04191744	0,04180619	0,04169518
10	0,03311023	0,03300938	0,03290878	0,03280844	0,03270834
11	0,02620085	0,02611042	0,02602024	0,02593033	0,02584068
12	0,02084730	0,02076667	0,02068630	0,02060620	0,02052636
13	0,01665858	0,01658706	0,01651581	0,01644482	0,01637409
14	0,01335618	0,01329304	0,01323016	0,01316755	0,01310519
15	0,01073688	0,01068138	0,01062613	0,01057114	0,01051640
16	0,00864946	0,00860087	0,00855253	0,00850443	0,00845657
17	0,00697961	0,00693723	0,00689508	0,00685316	0,00681148
18	0,00563974	0,00560290	0,00556628	0,00552987	0,00549369
19	0,00456202	0,00453010	0,00449838	0,00446687	0,00443556
20	0,00369346	0,00366589	0,00363850	0,00361131	0,00358430
21	0,00299238	0,00296862	0,00294504	0,00292164	0,00289841
22	0,00242575	0,00240534	0,00238509	0,00236500	0,00234507
23	0,00196732	0,00194982	0,00193247	0,00191527	0,00189821
24	0,00159611	0,00158115	0,00156633	0,00155163	0,00153707
25	0,00129534	0,00128258	0,00126993	0,00125740	0,00124499
26	0,00105151	0,00104063	0,00102987	0,00101921	0,00100866
27	0,00085374	0,00084450	0,00083535	0,00082630	0,00081734
28	0,00069328	0,00068544	0,00067768	0,00067001	0,00066242
29	0,00056305	0,00055641	0,00054984	0,00054334	0,00053692
30	0,00045733	0,00045171	0,00044616	0,00044067	0,00043525
31	0,00037150	0,00036675	0,00036206	0,00035743	0,00035286
32	0,00030179	0,00029779	0,00029384	0,00028993	0,00028608
33	0,00024518	0,00024181	0,00023848	0,00023520	0,00023196
34	0,00019920	0,00019636	0,00019356	0,00019080	0,00018808
35	0,00016184	0,00015946	0,00015711	0,00015479	0,00015251
36	0,00013150	0,00012950	0,00012752	0,00012558	0,00012367
37	0,00010685	0,00010517	0,00010351	0,00010189	0,00010028
38	0,00008682	0,00008541	0,00008403	0,00008266	0,00008132
39	0,00007054	0,00006937	0,00006821	0,00006707	0,00006595
40	0,00005732	0,00005634	0,00005537	0,00005442	0,00005348

Zins	21,00	21,05	21,10	21,15	21,20
Jahre					
1	1,00000000	1,00000000	1,00000000	1,00000000	1,00000000
2	0,44769209	0,44756846	0,44744484	0,44732122	0,44719761
3	0,26626623	0,26611461	0,26596304	0,26581151	0,26566003
4	0,17751741	0,17736130	0,17720528	0,17704934	0,17689348
5	0,12579222	0,12564057	0,12548903	0,12533763	0,12518634
6	0,09253032	0,09238714	0,09224412	0,09210127	0,09195857
7	0,06977057	0,06963773	0,06950509	0,06937263	0,06924036
8	0,05352767	0,05340592	0,05328439	0,05316307	0,05304197
9	0,04158440	0,04147385	0,04136355	0,04125348	0,04114364
10	0,03260850	0,03250891	0,03240957	0,03231047	0,03221163
11	0,02575128	0,02566215	0,02557327	0,02548465	0,02539629
12	0,02044679	0,02036747	0,02028843	0,02020964	0,02013112
13	0,01630363	0,01623343	0,01616349	0,01609382	0,01602440
14	0,01304309	0,01298125	0,01291967	0,01285835	0,01279728
15	0,01046192	0,01040768	0,01035370	0,01029996	0,01024647
16	0,00840896	0,00836158	0,00831444	0,00826755	0,00822089
17	0,00677002	0,00672879	0,00668779	0,00664702	0,00660647
18	0,00545772	0,00542197	0,00538643	0,00535111	0,00531599
19	0,00440446	0,00437355	0,00434285	0,00431234	0,00428204
20	0,00355748	0,00353085	0,00350440	0,00347814	0,00345206
21	0,00287535	0,00285246	0,00282974	0,00280720	0,00278482
22	0,00232529	0,00230568	0,00228622	0,00226691	0,00224775
23	0,00188130	0,00186453	0,00184790	0,00183141	0,00181505
24	0,00152263	0,00150832	0,00149414	0,00148009	0,00146616
25	0,00123270	0,00122052	0,00120846	0,00119651	0,00118467
26	0,00099821	0,00098786	0,00097762	0,00096748	0,00095744
27	0,00080848	0,00079971	0,00079102	0,00078243	0,00077393
28	0,00065491	0,00064749	0,00064014	0,00063288	0,00062569
29	0,00053058	0,00052430	0,00051810	0,00051197	0,00050591
30	0,00042989	0,00042460	0,00041937	0,00041420	0,00040909
31	0,00034834	0,00034388	0,00033948	0,00033513	0,00033083
32	0,00028228	0,00027853	0,00027483	0,00027117	0,00026756
33	0,00022876	0,00022561	0,00022250	0,00021943	0,00021640
34	0,00018540	0,00018275	0,00018014	0,00017757	0,00017503
35	0,00015026	0,00014804	0,00014585	0,00014370	0,00014157
36	0,00012178	0,00011992	0,00011809	0,00011629	0,00011451
37	0,00009870	0,00009715	0,00009562	0,00009411	0,00009263
38	0,00008000	0,00007870	0,00007742	0,00007617	0,00007493
39	0,00006484	0,00006376	0,00006269	0,00006164	0,00006061
40	0,00005256	0,00005165	0,00005076	0,00004989	0,00004903

Zins	21,25	21,30	21,35	21,40	21,45
Jahre					
1	1,00000000	1,00000000	1,00000000	1,00000000	1,00000000
2	0,44707401	0,44695042	0,44682683	0,44670324	0,44657967
3	0,26550859	0,26535719	0,26520583	0,26505452	0,26490325
4	0,17673771	0,17658202	0,17642641	0,17627089	0,17611546
5	0,12503518	0,12488414	0,12473323	0,12458244	0,12443178
6	0,09181603	0,09167364	0,09153142	0,09138936	0,09124746
7	0,06910828	0,06897639	0,06884469	0,06871318	0,06858187
8	0,05292108	0,05280040	0,05267995	0,05255970	0,05243968
9	0,04103404	0,04092467	0,04081554	0,04070665	0,04059798
10	0,03211303	0,03201469	0,03191659	0,03181874	0,03172114
11	0,02530819	0,02522034	0,02513275	0,02504542	0,02495834
12	0,02005285	0,01997485	0,01989711	0,01981962	0,01974239
13	0,01595524	0,01588635	0,01581771	0,01574933	0,01568120
14	0,01273647	0,01267591	0,01261560	0,01255555	0,01249575
15	0,01019323	0,01014023	0,01008749	0,01003498	0,00998272
16	0,00817447	0,00812828	0,00808233	0,00803661	0,00799113
17	0,00656615	0,00652605	0,00648618	0,00644652	0,00640709
18	0,00528109	0,00524640	0,00521192	0,00517764	0,00514357
19	0,00425192	0,00422201	0,00419229	0,00416276	0,00413342
20	0,00342616	0,00340044	0,00337490	0,00334954	0,00332436
21	0,00276260	0,00274056	0,00271867	0,00269695	0,00267539
22	0,00222875	0,00220990	0,00219120	0,00217265	0,00215424
23	0,00179884	0,00178276	0,00176682	0,00175101	0,00173534
24	0,00145236	0,00143868	0,00142512	0,00141168	0,00139837
25	0,00117294	0,00116133	0,00114982	0,00113842	0,00112713
26	0,00094750	0,00093765	0,00092791	0,00091826	0,00090871
27	0,00076552	0,00075720	0,00074896	0,00074081	0,00073274
28	0,00061859	0,00061156	0,00060461	0,00059773	0,00059093
29	0,00049991	0,00049399	0,00048813	0,00048234	0,00047662
30	0,00040405	0,00039906	0,00039414	0,00038927	0,00038446
31	0,00032659	0,00032240	0,00031826	0,00031418	0,00031014
32	0,00026400	0,00026048	0,00025701	0,00025359	0,00025020
33	0,00021341	0,00021047	0,00020756	0,00020469	0,00020186
34	0,00017253	0,00017006	0,00016763	0,00016523	0,00016286
35	0,00013948	0,00013742	0,00013538	0,00013338	0,00013140
36	0,00011276	0,00011104	0,00010934	0,00010767	0,00010602
37	0,00009117	0,00008973	0,00008832	0,00008692	0,00008555
38	0,00007371	0,00007251	0,00007133	0,00007017	0,00006903
39	0,00005960	0,00005860	0,00005761	0,00005665	0,00005570
40	0,00004818	0,00004735	0,00004654	0,00004573	0,00004494

Zins	21,50	21,55	21,60	21,65	21,70
Jahre					
1	1,00000000	1,00000000	1,00000000	1,00000000	1,00000000
2	0,44645610	0,44633253	0,44620898	0,44608543	0,44596188
3	0,26475202	0,26460084	0,26444970	0,26429860	0,26414755
4	0,17596010	0,17580484	0,17564965	0,17549455	0,17533954
5	0,12428123	0,12413081	0,12398052	0,12383035	0,12368030
6	0,09110571	0,09096413	0,09082270	0,09068144	0,09054033
7	0,06845074	0,06831980	0,06818905	0,06805849	0,06792812
8	0,05231986	0,05220026	0,05208088	0,05196171	0,05184275
9	0,04048955	0,04038136	0,04027339	0,04016566	0,04005817
10	0,03162378	0,03152667	0,03142981	0,03133319	0,03123682
11	0,02487152	0,02478495	0,02469863	0,02461257	0,02452676
12	0,01966542	0,01958871	0,01951226	0,01943606	0,01936011
13	0,01561334	0,01554572	0,01547837	0,01541126	0,01534441
14	0,01243620	0,01237690	0,01231785	0,01225904	0,01220049
15	0,00993070	0,00987892	0,00982739	0,00977609	0,00972503
16	0,00794588	0,00790086	0,00785607	0,00781150	0,00776717
17	0,00636787	0,00632887	0,00629009	0,00625153	0,00621318
18	0,00510971	0,00507605	0,00504259	0,00500934	0,00497629
19	0,00410428	0,00407532	0,00404656	0,00401798	0,00398958
20	0,00329935	0,00327452	0,00324986	0,00322537	0,00320106
21	0,00265400	0,00263276	0,00261169	0,00259077	0,00257000
22	0,00213599	0,00211788	0,00209991	0,00208208	0,00206440
23	0,00171980	0,00170439	0,00168911	0,00167396	0,00165894
24	0,00138517	0,00137209	0,00135913	0,00134628	0,00133355
25	0,00111595	0,00110487	0,00109390	0,00108303	0,00107227
26	0,00089925	0,00088989	0,00088062	0,00087144	0,00086235
27	0,00072476	0,00071686	0,00070904	0,00070131	0,00069365
28	0,00058420	0,00057755	0,00057097	0,00056447	0,00055803
29	0,00047096	0,00046537	0,00045984	0,00045438	0,00044897
30	0,00037971	0,00037501	0,00037037	0,00036579	0,00036126
31	0,00030616	0,00030222	0,00029833	0,00029450	0,00029071
32	0,00024687	0,00024357	0,00024032	0,00023711	0,00023394
33	0,00019907	0,00019631	0,00019360	0,00019092	0,00018827
34	0,00016053	0,00015823	0,00015596	0,00015373	0,00015152
35	0,00012946	0,00012754	0,00012565	0,00012379	0,00012195
36	0,00010440	0,00010280	0,00010123	0,00009968	0,00009815
37	0,00008420	0,00008287	0,00008156	0,00008027	0,00007900
38	0,00006790	0,00006680	0,00006571	0,00006464	0,00006358
39	0,00005476	0,00005385	0,00005294	0,00005205	0,00005118
40	0,00004417	0,00004341	0,00004266	0,00004192	0,00004119

Zins	21,75	21,80	21,85	21,90	21,95
Jahre					
1	1,00000000	1,00000000	1,00000000	1,00000000	1,00000000
2	0,44583835	0,44571482	0,44559129	0,44546778	0,44534427
3	0,26399654	0,26384557	0,26369465	0,26354377	0,26339293
4	0,17518460	0,17502976	0,17487500	0,17472032	0,17456572
5	0,12353037	0,12338057	0,12323090	0,12308134	0,12293191
6	0,09039938	0,09025859	0,09011796	0,08997749	0,08983718
7	0,06779793	0,06766794	0,06753814	0,06740852	0,06727910
8	0,05172401	0,05160548	0,05148716	0,05136906	0,05125117
9	0,03995090	0,03984387	0,03973706	0,03963049	0,03952415
10	0,03114069	0,03104481	0,03094917	0,03085377	0,03075862
11	0,02444121	0,02435590	0,02427085	0,02418604	0,02410149
12	0,01928442	0,01920899	0,01913381	0,01905888	0,01898420
13	0,01527782	0,01521147	0,01514538	0,01507954	0,01501394
14	0,01214218	0,01208412	0,01202630	0,01196873	0,01191140
15	0,00967422	0,00962363	0,00957329	0,00952318	0,00947330
16	0,00772306	0,00767918	0,00763553	0,00759210	0,00754889
17	0,00617505	0,00613713	0,00609942	0,00606192	0,00602464
18	0,00494344	0,00491079	0,00487833	0,00484608	0,00481402
19	0,00396138	0,00393336	0,00390552	0,00387786	0,00385039
20	0,00317691	0,00315294	0,00312913	0,00310550	0,00308203
21	0,00254940	0,00252895	0,00250865	0,00248851	0,00246851
22	0,00204686	0,00202946	0,00201220	0,00199508	0,00197810
23	0,00164405	0,00162928	0,00161464	0,00160013	0,00158574
24	0,00132094	0,00130843	0,00129605	0,00128377	0,00127160
25	0,00106160	0,00105104	0,00104058	0,00103022	0,00101995
26	0,00085336	0,00084445	0,00083564	0,00082691	0,00081827
27	0,00068608	0,00067859	0,00067117	0,00066383	0,00065657
28	0,00055167	0,00054537	0,00053915	0,00053299	0,00052690
29	0,00044363	0,00043835	0,00043314	0,00042798	0,00042288
30	0,00035679	0,00035237	0,00034800	0,00034369	0,00033942
31	0,00028696	0,00028327	0,00027962	0,00027601	0,00027246
32	0,00023082	0,00022773	0,00022468	0,00022168	0,00021871
33	0,00018566	0,00018309	0,00018055	0,00017805	0,00017558
34	0,00014935	0,00014721	0,00014509	0,00014301	0,00014095
35	0,00012014	0,00011836	0,00011660	0,00011487	0,00011316
36	0,00009665	0,00009517	0,00009371	0,00009227	0,00009085
37	0,00007775	0,00007652	0,00007531	0,00007412	0,00007294
38	0,00006255	0,00006153	0,00006052	0,00005954	0,00005856
39	0,00005032	0,00004947	0,00004864	0,00004782	0,00004702
40	0,00004048	0,00003978	0,00003909	0,00003842	0,00003775

Zins	22,00	22,05	22,10	22,15	22,20
Jahre					
1	1,00000000	1,00000000	1,00000000	1,00000000	1,00000000
2	0,44522076	0,44509727	0,44497378	0,44485030	0,44472682
3	0,26324214	0,26309139	0,26294068	0,26279002	0,26263940
4	0,17441121	0,17425679	0,17410245	0,17394819	0,17379402
5	0,12278261	0,12263343	0,12248437	0,12233543	0,12218662
6	0,08969702	0,08955703	0,08941719	0,08927751	0,08913800
7	0,06714986	0,06702081	0,06689195	0,06676328	0,06663480
8	0,05113349	0,05101603	0,05089878	0,05078174	0,05066491
9	0,03941805	0,03931217	0,03920652	0,03910110	0,03899591
10	0,03066372	0,03056905	0,03047463	0,03038045	0,03028651
11	0,02401719	0,02393313	0,02384933	0,02376577	0,02368246
12	0,01890977	0,01883560	0,01876167	0,01868800	0,01861457
13	0,01494860	0,01488350	0,01481865	0,01475405	0,01468969
14	0,01185432	0,01179748	0,01174087	0,01168451	0,01162839
15	0,00942366	0,00937426	0,00932508	0,00927613	0,00922742
16	0,00750590	0,00746314	0,00742059	0,00737827	0,00733616
17	0,00598756	0,00595069	0,00591403	0,00587758	0,00584133
18	0,00478215	0,00475048	0,00471900	0,00468772	0,00465662
19	0,00382309	0,00379598	0,00376904	0,00374228	0,00371570
20	0,00305872	0,00303558	0,00301260	0,00298979	0,00296713
21	0,00244867	0,00242898	0,00240943	0,00239004	0,00237079
22	0,00196125	0,00194454	0,00192796	0,00191151	0,00189520
23	0,00157147	0,00155732	0,00154329	0,00152938	0,00151560
24	0,00125954	0,00124759	0,00123575	0,00122402	0,00121239
25	0,00100979	0,00099972	0,00098974	0,00097987	0,00097008
26	0,00080972	0,00080125	0,00079286	0,00078457	0,00077635
27	0,00064939	0,00064228	0,00063525	0,00062829	0,00062140
28	0,00052088	0,00051492	0,00050903	0,00050321	0,00049744
29	0,00041784	0,00041286	0,00040793	0,00040306	0,00039825
30	0,00033521	0,00033105	0,00032694	0,00032288	0,00031886
31	0,00026894	0,00026547	0,00026204	0,00025866	0,00025532
32	0,00021578	0,00021289	0,00021004	0,00020723	0,00020445
33	0,00017314	0,00017074	0,00016836	0,00016603	0,00016372
34	0,00013893	0,00013693	0,00013496	0,00013302	0,00013111
35	0,00011148	0,00010982	0,00010819	0,00010658	0,00010499
36	0,00008946	0,00008808	0,00008673	0,00008540	0,00008408
37	0,00007179	0,00007065	0,00006953	0,00006843	0,00006734
38	0,00005761	0,00005667	0,00005574	0,00005483	0,00005393
39	0,00004623	0,00004545	0,00004468	0,00004393	0,00004319
40	0,00003710	0,00003645	0,00003582	0,00003520	0,00003459

Zins	22,25	22,30	22,35	22,40	22,45
Jahre					
1	1,00000000	1,00000000	1,00000000	1,00000000	1,00000000
2	0,44460335	0,44447989	0,44435643	0,44423299	0,44410954
3	0,26248882	0,26233829	0,26218780	0,26203736	0,26188696
4	0,17363994	0,17348593	0,17333202	0,17317818	0,17302444
5	0,12203793	0,12188937	0,12174093	0,12159261	0,12144442
6	0,08899864	0,08885943	0,08872039	0,08858151	0,08844278
7	0,06650650	0,06637840	0,06625048	0,06612275	0,06599521
8	0,05054829	0,05043189	0,05031569	0,05019971	0,05008394
9	0,03889096	0,03878623	0,03868173	0,03857745	0,03847341
10	0,03019281	0,03009935	0,03000613	0,02991315	0,02982042
11	0,02359940	0,02351659	0,02343402	0,02335170	0,02326962
12	0,01854140	0,01846847	0,01839579	0,01832335	0,01825116
13	0,01462558	0,01456172	0,01449810	0,01443472	0,01437159
14	0,01157251	0,01151686	0,01146146	0,01140629	0,01135135
15	0,00917893	0,00913068	0,00908265	0,00903484	0,00898727
16	0,00729428	0,00725261	0,00721115	0,00716991	0,00712888
17	0,00580528	0,00576944	0,00573380	0,00569836	0,00566312
18	0,00462572	0,00459500	0,00456447	0,00453413	0,00450398
19	0,00368929	0,00366306	0,00363700	0,00361111	0,00358540
20	0,00294464	0,00292230	0,00290013	0,00287811	0,00285625
21	0,00235168	0,00233273	0,00231391	0,00229524	0,00227671
22	0,00187902	0,00186297	0,00184705	0,00183126	0,00181559
23	0,00150193	0,00148837	0,00147493	0,00146161	0,00144840
24	0,00120087	0,00118945	0,00117814	0,00116693	0,00115582
25	0,00096039	0,00095079	0,00094129	0,00093187	0,00092255
26	0,00076822	0,00076017	0,00075220	0,00074431	0,00073649
27	0,00061459	0,00060785	0,00060118	0,00059458	0,00058805
28	0,00049175	0,00048611	0,00048054	0,00047503	0,00046958
29	0,00039350	0,00038880	0,00038415	0,00037956	0,00037502
30	0,00031490	0,00031098	0,00030712	0,00030329	0,00029952
31	0,00025202	0,00024876	0,00024554	0,00024237	0,00023923
32	0,00020170	0,00019900	0,00019633	0,00019369	0,00019109
33	0,00016144	0,00015920	0,00015698	0,00015480	0,00015264
34	0,00012922	0,00012736	0,00012552	0,00012372	0,00012193
35	0,00010343	0,00010189	0,00010037	0,00009888	0,00009740
36	0,00008279	0,00008152	0,00008026	0,00007903	0,00007781
37	0,00006627	0,00006522	0,00006418	0,00006316	0,00006216
38	0,00005305	0,00005218	0,00005133	0,00005049	0,00004966
39	0,00004246	0,00004175	0,00004104	0,00004035	0,00003967
40	0,00003399	0,00003340	0,00003282	0,00003225	0,00003169

Zins Jahre	22,50	22,55	22,60	22,65	22,70
1	1,00000000	1,00000000	1,00000000	1,00000000	1,00000000
2	0,44398611	0,44386268	0,44373926	0,44361585	0,44349244
3	0,26173660	0,26158629	0,26143602	0,26128580	0,26113561
4	0,17287077	0,17271719	0,17256370	0,17241029	0,17225697
5	0,12129635	0,12114841	0,12100059	0,12085289	0,12070532
6	0,08830421	0,08816581	0,08802755	0,08788946	0,08775153
7	0,06586785	0,06574068	0,06561370	0,06548691	0,06536030
8	0,04996838	0,04985303	0,04973790	0,04962297	0,04950825
9	0,03836960	0,03826601	0,03816265	0,03805951	0,03795661
10	0,02972792	0,02963566	0,02954364	0,02945185	0,02936031
11	0,02318779	0,02310620	0,02302486	0,02294375	0,02286290
12	0,01817922	0,01810752	0,01803607	0,01796486	0,01789389
13	0,01430869	0,01424604	0,01418363	0,01412146	0,01405953
14	0,01129665	0,01124218	0,01118795	0,01113395	0,01108018
15	0,00893992	0,00889279	0,00884588	0,00879920	0,00875274
16	0,00708807	0,00704747	0,00700708	0,00696689	0,00692692
17	0,00562808	0,00559324	0,00555860	0,00552415	0,00548990
18	0,00447401	0,00444422	0,00441462	0,00438520	0,00435596
19	0,00355985	0,00353447	0,00350926	0,00348422	0,00345935
20	0,00283454	0,00281299	0,00279159	0,00277034	0,00274925
21	0,00225832	0,00224006	0,00222195	0,00220398	0,00218614
22	0,00180006	0,00178464	0,00176936	0,00175419	0,00173915
23	0,00143531	0,00142233	0,00140946	0,00139670	0,00138405
24	0,00114481	0,00113390	0,00112309	0,00111238	0,00110176
25	0,00091331	0,00090416	0,00089511	0,00088613	0,00087725
26	0,00072876	0,00072111	0,00071353	0,00070603	0,00069861
27	0,00058159	0,00057520	0,00056887	0,00056262	0,00055643
28	0,00046419	0,00045886	0,00045360	0,00044838	0,00044323
29	0,00037053	0,00036609	0,00036171	0,00035738	0,00035309
30	0,00029579	0,00029210	0,00028846	0,00028486	0,00028131
31	0,00023613	0,00023308	0,00023006	0,00022707	0,00022413
32	0,00018852	0,00018599	0,00018349	0,00018102	0,00017858
33	0,00015051	0,00014842	0,00014635	0,00014431	0,00014230
34	0,00012017	0,00011844	0,00011673	0,00011505	0,00011339
35	0,00009595	0,00009452	0,00009311	0,00009172	0,00009035
36	0,00007661	0,00007543	0,00007427	0,00007313	0,00007200
37	0,00006117	0,00006020	0,00005924	0,00005830	0,00005737
38	0,00004885	0,00004804	0,00004726	0,00004648	0,00004572
39	0,00003900	0,00003834	0,00003770	0,00003706	0,00003643
40	0,00003114	0,00003060	0,00003007	0,00002955	0,00002903

Zins	22,75	22,80	22,85	22,90	22,95
Jahre					
1	1,00000000	1,00000000	1,00000000	1,00000000	1,00000000
2	0,44336904	0,44324565	0,44312226	0,44299888	0,44287551
3	0,26098548	0,26083538	0,26068533	0,26053533	0,26038537
4	0,17210373	0,17195057	0,17179750	0,17164452	0,17149162
5	0,12055787	0,12041054	0,12026334	0,12011626	0,11996930
6	0,08761375	0,08747614	0,08733868	0,08720138	0,08706423
7	0,06523389	0,06510765	0,06498161	0,06485575	0,06473008
8	0,04939374	0,04927944	0,04916535	0,04905148	0,04893781
9	0,03785393	0,03775147	0,03764925	0,03754724	0,03744547
10	0,02926900	0,02917793	0,02908709	0,02899649	0,02890613
11	0,02278228	0,02270191	0,02262177	0,02254188	0,02246223
12	0,01782317	0,01775268	0,01768244	0,01761244	0,01754268
13	0,01399783	0,01393637	0,01387516	0,01381417	0,01375343
14	0,01102664	0,01097334	0,01092026	0,01086741	0,01081479
15	0,00870650	0,00866048	0,00861468	0,00856910	0,00852373
16	0,00688716	0,00684761	0,00680826	0,00676911	0,00673017
17	0,00545585	0,00542199	0,00538832	0,00535484	0,00532155
18	0,00432690	0,00429802	0,00426932	0,00424080	0,00421245
19	0,00343464	0,00341009	0,00338571	0,00336149	0,00333743
20	0,00272830	0,00270751	0,00268686	0,00266636	0,00264601
21	0,00216844	0,00215087	0,00213344	0,00211614	0,00209898
22	0,00172423	0,00170944	0,00169476	0,00168020	0,00166576
23	0,00137151	0,00135907	0,00134675	0,00133453	0,00132242
24	0,00109124	0,00108082	0,00107050	0,00106026	0,00105012
25	0,00086845	0,00085973	0,00085110	0,00084255	0,00083408
26	0,00069126	0,00068398	0,00067678	0,00066965	0,00066260
27	0,00055030	0,00054424	0,00053824	0,00053231	0,00052644
28	0,00043813	0,00043309	0,00042811	0,00042318	0,00041831
29	0,00034886	0,00034468	0,00034054	0,00033646	0,00033242
30	0,00027780	0,00027433	0,00027091	0,00026752	0,00026418
31	0,00022122	0,00021835	0,00021552	0,00021272	0,00020996
32	0,00017618	0,00017381	0,00017147	0,00016916	0,00016688
33	0,00014031	0,00013835	0,00013642	0,00013452	0,00013264
34	0,00011175	0,00011013	0,00010854	0,00010697	0,00010543
35	0,00008900	0,00008767	0,00008636	0,00008507	0,00008380
36	0,00007089	0,00006979	0,00006872	0,00006766	0,00006661
37	0,00005646	0,00005556	0,00005468	0,00005381	0,00005295
38	0,00004497	0,00004423	0,00004351	0,00004279	0,00004209
39	0,00003582	0,00003521	0,00003462	0,00003403	0,00003346
40	0,00002853	0,00002803	0,00002755	0,00002707	0,00002659

Zins	23,00	23,05	23,10	23,15	23,20
Jahre					
1	1,00000000	1,00000000	1,00000000	1,00000000	1,00000000
2	0,44275215	0,44262879	0,44250544	0,44238209	0,44225876
3	0,26023545	0,26008558	0,25993575	0,25978596	0,25963622
4	0,17133880	0,17118607	0,17103343	0,17088087	0,17072840
5	0,11982247	0,11967576	0,11952918	0,11938272	0,11923639
6	0,08692725	0,08679042	0,08665375	0,08651724	0,08638089
7	0,06460460	0,06447930	0,06435419	0,06422926	0,06410453
8	0,04882434	0,04871109	0,04859805	0,04848521	0,04837259
9	0,03734392	0,03724259	0,03714149	0,03704061	0,03693995
10	0,02881600	0,02872610	0,02863644	0,02854702	0,02845782
11	0,02238282	0,02230364	0,02222471	0,02214601	0,02206756
12	0,01747316	0,01740388	0,01733483	0,01726602	0,01719746
13	0,01369291	0,01363263	0,01357259	0,01351278	0,01345320
14	0,01076239	0,01071022	0,01065828	0,01060656	0,01055506
15	0,00847858	0,00843365	0,00838893	0,00834442	0,00830013
16	0,00669144	0,00665291	0,00661458	0,00657645	0,00653852
17	0,00528846	0,00525555	0,00522283	0,00519030	0,00515795
18	0,00418428	0,00415628	0,00412845	0,00410080	0,00407332
19	0,00331353	0,00328979	0,00326621	0,00324279	0,00321952
20	0,00262580	0,00260574	0,00258582	0,00256604	0,00254641
21	0,00208194	0,00206504	0,00204826	0,00203161	0,00201510
22	0,00165144	0,00163724	0,00162315	0,00160917	0,00159531
23	0,00131041	0,00129850	0,00128670	0,00127500	0,00126340
24	0,00104008	0,00103012	0,00102026	0,00101049	0,00100080
25	0,00082570	0,00081739	0,00080917	0,00080102	0,00079295
26	0,00065561	0,00064870	0,00064185	0,00063508	0,00062838
27	0,00052063	0,00051489	0,00050921	0,00050358	0,00049802
28	0,00041349	0,00040873	0,00040401	0,00039935	0,00039475
29	0,00032842	0,00032448	0,00032058	0,00031672	0,00031292
30	0,00026088	0,00025761	0,00025439	0,00025121	0,00024806
31	0,00020723	0,00020454	0,00020188	0,00019925	0,00019666
32	0,00016463	0,00016241	0,00016021	0,00015805	0,00015592
33	0,00013078	0,00012896	0,00012715	0,00012537	0,00012362
34	0,00010390	0,00010240	0,00010092	0,00009945	0,00009801
35	0,00008255	0,00008131	0,00008009	0,00007890	0,00007771
36	0,00006558	0,00006457	0,00006357	0,00006259	0,00006162
37	0,00005210	0,00005127	0,00005046	0,00004965	0,00004886
38	0,00004140	0,00004072	0,00004005	0,00003939	0,00003874
39	0,00003289	0,00003233	0,00003179	0,00003125	0,00003072
40	0,00002613	0,00002568	0,00002523	0,00002479	0,00002436

Zins	23,25	23,30	23,35	23,40	23,45
Jahre					
1	1,00000000	1,00000000	1,00000000	1,00000000	1,00000000
2	0,44213543	0,44201211	0,44188879	0,44176548	0,44164218
3	0,25948653	0,25933687	0,25918727	0,25903770	0,25888818
4	0,17057601	0,17042370	0,17027148	0,17011935	0,16996730
5	0,11909017	0,11894409	0,11879812	0,11865228	0,11850656
6	0,08624469	0,08610865	0,08597277	0,08583705	0,08570149
7	0,06397997	0,06385561	0,06373142	0,06360743	0,06348362
8	0,04826017	0,04814796	0,04803595	0,04792416	0,04781257
9	0,03683952	0,03673932	0,03663933	0,03653957	0,03644003
10	0,02836887	0,02828014	0,02819165	0,02810338	0,02801535
11	0,02198933	0,02191135	0,02183360	0,02175609	0,02167881
12	0,01712912	0,01706102	0,01699316	0,01692553	0,01685814
13	0,01339385	0,01333473	0,01327585	0,01321719	0,01315876
14	0,01050379	0,01045274	0,01040191	0,01035131	0,01030092
15	0,00825605	0,00821218	0,00816852	0,00812507	0,00808183
16	0,00650079	0,00646326	0,00642593	0,00638879	0,00635185
17	0,00512579	0,00509382	0,00506202	0,00503041	0,00499898
18	0,00404601	0,00401887	0,00399190	0,00396509	0,00393846
19	0,00319641	0,00317346	0,00315066	0,00312801	0,00310551
20	0,00252691	0,00250756	0,00248835	0,00246927	0,00245034
21	0,00199870	0,00198244	0,00196629	0,00195028	0,00193438
22	0,00158157	0,00156793	0,00155441	0,00154100	0,00152769
23	0,00125190	0,00124050	0,00122920	0,00121800	0,00120690
24	0,00099121	0,00098170	0,00097228	0,00096295	0,00095370
25	0,00078497	0,00077706	0,00076922	0,00076146	0,00075378
26	0,00062174	0,00061517	0,00060867	0,00060223	0,00059586
27	0,00049252	0,00048707	0,00048168	0,00047635	0,00047108
28	0,00039019	0,00038569	0,00038123	0,00037683	0,00037247
29	0,00030915	0,00030543	0,00030175	0,00029812	0,00029453
30	0,00024496	0,00024189	0,00023886	0,00023586	0,00023291
31	0,00019410	0,00019158	0,00018908	0,00018662	0,00018419
32	0,00015381	0,00015173	0,00014968	0,00014766	0,00014566
33	0,00012189	0,00012018	0,00011850	0,00011684	0,00011520
34	0,00009659	0,00009519	0,00009381	0,00009245	0,00009111
35	0,00007655	0,00007540	0,00007427	0,00007316	0,00007206
36	0,00006067	0,00005973	0,00005880	0,00005789	0,00005700
37	0,00004808	0,00004731	0,00004656	0,00004581	0,00004508
38	0,00003810	0,00003748	0,00003686	0,00003625	0,00003565
39	0,00003020	0,00002969	0,00002918	0,00002869	0,00002820
40	0,00002393	0,00002352	0,00002310	0,00002270	0,00002231

Zins	23,50	23,55	23,60	23,65	23,70
Jahre					
1	1,00000000	1,00000000	1,00000000	1,00000000	1,00000000
2	0,44151889	0,44139560	0,44127232	0,44114905	0,44102579
3	0,25873871	0,25858928	0,25843989	0,25829055	0,25814125
4	0,16981534	0,16966346	0,16951166	0,16935996	0,16920833
5	0,11836097	0,11821550	0,11807015	0,11792493	0,11777983
6	0,08556608	0,08543083	0,08529574	0,08516080	0,08502603
7	0,06336000	0,06323656	0,06311330	0,06299023	0,06286735
8	0,04770119	0,04759001	0,04747904	0,04736828	0,04725772
9	0,03634072	0,03624162	0,03614275	0,03604410	0,03594567
10	0,02792755	0,02783999	0,02775265	0,02766554	0,02757866
11	0,02160177	0,02152496	0,02144839	0,02137205	0,02129594
12	0,01679098	0,01672405	0,01665736	0,01659089	0,01652466
13	0,01310056	0,01304258	0,01298483	0,01292731	0,01287001
14	0,01025075	0,01020080	0,01015107	0,01010155	0,01005226
15	0,00803880	0,00799597	0,00795336	0,00791094	0,00786873
16	0,00631511	0,00627855	0,00624220	0,00620603	0,00617006
17	0,00496774	0,00493667	0,00490578	0,00487507	0,00484454
18	0,00391198	0,00388568	0,00385954	0,00383356	0,00380774
19	0,00308317	0,00306097	0,00303892	0,00301703	0,00299528
20	0,00243153	0,00241287	0,00239434	0,00237594	0,00235768
21	0,00191861	0,00190296	0,00188743	0,00187202	0,00185673
22	0,00151450	0,00150142	0,00148844	0,00147557	0,00146280
23	0,00119589	0,00118498	0,00117416	0,00116344	0,00115281
24	0,00094454	0,00093546	0,00092647	0,00091756	0,00090873
25	0,00074617	0,00073863	0,00073117	0,00072378	0,00071647
26	0,00058955	0,00058331	0,00057713	0,00057102	0,00056497
27	0,00046587	0,00046071	0,00045560	0,00045055	0,00044555
28	0,00036816	0,00036391	0,00035970	0,00035553	0,00035141
29	0,00029098	0,00028747	0,00028400	0,00028057	0,00027719
30	0,00022998	0,00022710	0,00022425	0,00022143	0,00021865
31	0,00018179	0,00017941	0,00017707	0,00017476	0,00017248
32	0,00014369	0,00014175	0,00013983	0,00013794	0,00013607
33	0,00011359	0,00011199	0,00011042	0,00010887	0,00010735
34	0,00008979	0,00008849	0,00008720	0,00008594	0,00008469
35	0,00007098	0,00006992	0,00006887	0,00006783	0,00006681
36	0,00005611	0,00005524	0,00005439	0,00005354	0,00005271
37	0,00004436	0,00004365	0,00004295	0,00004226	0,00004159
38	0,00003507	0,00003449	0,00003392	0,00003336	0,00003281
39	0,00002772	0,00002725	0,00002679	0,00002633	0,00002589
40	0,00002192	0,00002153	0,00002116	0,00002079	0,00002042

Zins	23,75	23,80	23,85	23,90	23,95
Jahre					
1	1,00000000	1,00000000	1,00000000	1,00000000	1,00000000
2	0,44090253	0,44077928	0,44065604	0,44053280	0,44040957
3	0,25799200	0,25784279	0,25769363	0,25754451	0,25739543
4	0,16905680	0,16890535	0,16875398	0,16860270	0,16845150
5	0,11763486	0,11749001	0,11734528	0,11720068	0,11705620
6	0,08489141	0,08475694	0,08462264	0,08448849	0,08435450
7	0,06274465	0,06262214	0,06249981	0,06237767	0,06225571
8	0,04714737	0,04703723	0,04692729	0,04681756	0,04670803
9	0,03584746	0,03574947	0,03565170	0,03555415	0,03545681
10	0,02749201	0,02740559	0,02731940	0,02723344	0,02714770
11	0,02122006	0,02114442	0,02106901	0,02099382	0,02091887
12	0,01645866	0,01639288	0,01632734	0,01626202	0,01619694
13	0,01281294	0,01275609	0,01269947	0,01264307	0,01258688
14	0,01000317	0,00995430	0,00990565	0,00985721	0,00980898
15	0,00782673	0,00778493	0,00774333	0,00770193	0,00766073
16	0,00613427	0,00609868	0,00606327	0,00602806	0,00599303
17	0,00481418	0,00478400	0,00475399	0,00472416	0,00469450
18	0,00378209	0,00375660	0,00373126	0,00370609	0,00368107
19	0,00297367	0,00295222	0,00293090	0,00290974	0,00288871
20	0,00233954	0,00232154	0,00230367	0,00228593	0,00226832
21	0,00184156	0,00182650	0,00181157	0,00179674	0,00178203
22	0,00145014	0,00143759	0,00142513	0,00141278	0,00140054
23	0,00114227	0,00113183	0,00112147	0,00111121	0,00110104
24	0,00089998	0,00089131	0,00088273	0,00087422	0,00086579
25	0,00070922	0,00070204	0,00069494	0,00068790	0,00068093
26	0,00055898	0,00055305	0,00054718	0,00054137	0,00053562
27	0,00044061	0,00043572	0,00043089	0,00042610	0,00042137
28	0,00034734	0,00034332	0,00033934	0,00033541	0,00033151
29	0,00027384	0,00027053	0,00026726	0,00026403	0,00026084
30	0,00021590	0,00021319	0,00021051	0,00020786	0,00020525
31	0,00017023	0,00016801	0,00016581	0,00016365	0,00016151
32	0,00013423	0,00013241	0,00013061	0,00012884	0,00012709
33	0,00010584	0,00010435	0,00010289	0,00010144	0,00010001
34	0,00008346	0,00008224	0,00008105	0,00007987	0,00007871
35	0,00006581	0,00006482	0,00006385	0,00006289	0,00006194
36	0,00005189	0,00005109	0,00005030	0,00004952	0,00004875
37	0,00004092	0,00004027	0,00003962	0,00003899	0,00003836
38	0,00003227	0,00003174	0,00003121	0,00003070	0,00003019
39	0,00002545	0,00002502	0,00002459	0,00002417	0,00002376
40	0,00002007	0,00001972	0,00001937	0,00001903	0,00001870

Zins	24,00	24,05	24,10	24,15	24,20
Jahre					
1	1,00000000	1,00000000	1,00000000	1,00000000	1,00000000
2	0,44028635	0,44016314	0,44003993	0,43991673	0,43979354
3	0,25724640	0,25709742	0,25694848	0,25679958	0,25665073
4	0,16830039	0,16814937	0,16799843	0,16784758	0,16769681
5	0,11691185	0,11676761	0,11662351	0,11647952	0,11633566
6	0,08422067	0,08408699	0,08395347	0,08382011	0,08368690
7	0,06213393	0,06201234	0,06189093	0,06176971	0,06164867
8	0,04659871	0,04648959	0,04638068	0,04627197	0,04616346
9	0,03535970	0,03526281	0,03516614	0,03506968	0,03497344
10	0,02706219	0,02697691	0,02689186	0,02680703	0,02672242
11	0,02084415	0,02076966	0,02069539	0,02062135	0,02054754
12	0,01613208	0,01606744	0,01600304	0,01593886	0,01587490
13	0,01253092	0,01247518	0,01241966	0,01236436	0,01230928
14	0,00976096	0,00971315	0,00966555	0,00961817	0,00957099
15	0,00761974	0,00757894	0,00753834	0,00749793	0,00745773
16	0,00595818	0,00592353	0,00588905	0,00585476	0,00582066
17	0,00466501	0,00463569	0,00460654	0,00457757	0,00454876
18	0,00365621	0,00363151	0,00360696	0,00358256	0,00355832
19	0,00286783	0,00284709	0,00282649	0,00280602	0,00278570
20	0,00225084	0,00223348	0,00221625	0,00219914	0,00218216
21	0,00176744	0,00175296	0,00173859	0,00172433	0,00171019
22	0,00138839	0,00137634	0,00136439	0,00135254	0,00134079
23	0,00109095	0,00108096	0,00107105	0,00106123	0,00105149
24	0,00085744	0,00084916	0,00084097	0,00083285	0,00082480
25	0,00067403	0,00066720	0,00066043	0,00065373	0,00064709
26	0,00052993	0,00052430	0,00051872	0,00051321	0,00050775
27	0,00041668	0,00041205	0,00040747	0,00040294	0,00039845
28	0,00032767	0,00032386	0,00032010	0,00031639	0,00031271
29	0,00025769	0,00025457	0,00025149	0,00024844	0,00024543
30	0,00020266	0,00020011	0,00019759	0,00019510	0,00019264
31	0,00015939	0,00015731	0,00015525	0,00015322	0,00015121
32	0,00012537	0,00012367	0,00012199	0,00012033	0,00011870
33	0,00009861	0,00009722	0,00009585	0,00009450	0,00009317
34	0,00007756	0,00007643	0,00007532	0,00007422	0,00007314
35	0,00006101	0,00006009	0,00005919	0,00005830	0,00005742
36	0,00004799	0,00004724	0,00004651	0,00004579	0,00004507
37	0,00003775	0,00003714	0,00003655	0,00003596	0,00003538
38	0,00002969	0,00002920	0,00002872	0,00002824	0,00002778
39	0,00002336	0,00002296	0,00002257	0,00002218	0,00002181
40	0,00001837	0,00001805	0,00001773	0,00001742	0,00001712

Zins	24,25	24,30	24,35	24,40	24,45
Jahre					
1	1,00000000	1,00000000	1,00000000	1,00000000	1,00000000
2	0,43967036	0,43954718	0,43942401	0,43930085	0,43917770
3	0,25650192	0,25635316	0,25620444	0,25605577	0,25590714
4	0,16754613	0,16739553	0,16724502	0,16709459	0,16694425
5	0,11619192	0,11604831	0,11590482	0,11576146	0,11561822
6	0,08355385	0,08342096	0,08328823	0,08315565	0,08302322
7	0,06152781	0,06140714	0,06128665	0,06116635	0,06104622
8	0,04605516	0,04594707	0,04583917	0,04573148	0,04562400
9	0,03487742	0,03478162	0,03468603	0,03459067	0,03449551
10	0,02663804	0,02655389	0,02646996	0,02638626	0,02630277
11	0,02047396	0,02040061	0,02032748	0,02025458	0,02018190
12	0,01581117	0,01574766	0,01568437	0,01562131	0,01555847
13	0,01225442	0,01219977	0,01214534	0,01209112	0,01203712
14	0,00952402	0,00947725	0,00943070	0,00938434	0,00933820
15	0,00741772	0,00737790	0,00733828	0,00729885	0,00725962
16	0,00578673	0,00575299	0,00571943	0,00568604	0,00565284
17	0,00452012	0,00449164	0,00446333	0,00443519	0,00440721
18	0,00353424	0,00351030	0,00348652	0,00346288	0,00343940
19	0,00276552	0,00274547	0,00272556	0,00270578	0,00268614
20	0,00216530	0,00214857	0,00213195	0,00211546	0,00209909
21	0,00169615	0,00168223	0,00166841	0,00165470	0,00164109
22	0,00132914	0,00131758	0,00130612	0,00129476	0,00128348
23	0,00104184	0,00103228	0,00102280	0,00101340	0,00100408
24	0,00081683	0,00080893	0,00080111	0,00079335	0,00078567
25	0,00064052	0,00063402	0,00062758	0,00062120	0,00061488
26	0,00050234	0,00049700	0,00049170	0,00048646	0,00048128
27	0,00039402	0,00038963	0,00038529	0,00038099	0,00037675
28	0,00030907	0,00030548	0,00030193	0,00029841	0,00029494
29	0,00024246	0,00023952	0,00023662	0,00023375	0,00023091
30	0,00019021	0,00018782	0,00018545	0,00018311	0,00018079
31	0,00014923	0,00014728	0,00014535	0,00014344	0,00014156
32	0,00011708	0,00011549	0,00011392	0,00011237	0,00011084
33	0,00009186	0,00009057	0,00008929	0,00008803	0,00008679
34	0,00007208	0,00007103	0,00006999	0,00006897	0,00006796
35	0,00005655	0,00005570	0,00005486	0,00005403	0,00005322
36	0,00004437	0,00004368	0,00004300	0,00004233	0,00004167
37	0,00003482	0,00003426	0,00003371	0,00003317	0,00003263
38	0,00002732	0,00002687	0,00002642	0,00002598	0,00002555
39	0,00002144	0,00002107	0,00002071	0,00002036	0,00002001
40	0,00001682	0,00001652	0,00001623	0,00001595	0,00001567

Zins	24,50	24,55	24,60	24,65	24,70
Jahre					
1	1,00000000	1,00000000	1,00000000	1,00000000	1,00000000
2	0,43905455	0,43893141	0,43880828	0,43868516	0,43856204
3	0,25575856	0,25561002	0,25546153	0,25531308	0,25516468
4	0,16679400	0,16664383	0,16649375	0,16634375	0,16619384
5	0,11547510	0,11533210	0,11518923	0,11504649	0,11490386
6	0,08289096	0,08275885	0,08262690	0,08249510	0,08236346
7	0,06092629	0,06080653	0,06068696	0,06056757	0,06044836
8	0,04551671	0,04540963	0,04530275	0,04519608	0,04508960
9	0,03440058	0,03430586	0,03421135	0,03411706	0,03402299
10	0,02621951	0,02613648	0,02605366	0,02597107	0,02588870
11	0,02010944	0,02003722	0,01996521	0,01989343	0,01982187
12	0,01549585	0,01543345	0,01537128	0,01530932	0,01524758
13	0,01198333	0,01192976	0,01187640	0,01182325	0,01177031
14	0,00929225	0,00924651	0,00920098	0,00915564	0,00911051
15	0,00722057	0,00718172	0,00714306	0,00710458	0,00706630
16	0,00561981	0,00558697	0,00555429	0,00552180	0,00548947
17	0,00437939	0,00435174	0,00432424	0,00429691	0,00426974
18	0,00341606	0,00339287	0,00336983	0,00334693	0,00332418
19	0,00266664	0,00264726	0,00262802	0,00260891	0,00258993
20	0,00208284	0,00206671	0,00205069	0,00203480	0,00201901
21	0,00162760	0,00161420	0,00160092	0,00158773	0,00157465
22	0,00127231	0,00126122	0,00125023	0,00123932	0,00122851
23	0,00099485	0,00098570	0,00097662	0,00096763	0,00095872
24	0,00077807	0,00077053	0,00076306	0,00075566	0,00074834
25	0,00060863	0,00060243	0,00059630	0,00059023	0,00058421
26	0,00047615	0,00047107	0,00046604	0,00046107	0,00045615
27	0,00037254	0,00036839	0,00036428	0,00036021	0,00035619
28	0,00029151	0,00028811	0,00028475	0,00028144	0,00027815
29	0,00022811	0,00022534	0,00022261	0,00021990	0,00021723
30	0,00017851	0,00017626	0,00017403	0,00017183	0,00016966
31	0,00013970	0,00013787	0,00013606	0,00013427	0,00013251
32	0,00010933	0,00010785	0,00010638	0,00010493	0,00010350
33	0,00008557	0,00008436	0,00008317	0,00008200	0,00008084
34	0,00006697	0,00006599	0,00006503	0,00006408	0,00006314
35	0,00005242	0,00005162	0,00005085	0,00005008	0,00004932
36	0,00004102	0,00004038	0,00003976	0,00003914	0,00003853
37	0,00003211	0,00003159	0,00003108	0,00003058	0,00003009
38	0,00002513	0,00002471	0,00002431	0,00002390	0,00002351
39	0,00001967	0,00001933	0,00001900	0,00001868	0,00001836
40	0,00001540	0,00001513	0,00001486	0,00001460	0,00001434

Zins	24,75	24,80	24,85	24,90	24,95
Jahre					
1	1,00000000	1,00000000	1,00000000	1,00000000	1,00000000
2	0,43843893	0,43831583	0,43819273	0,43806965	0,43794657
3	0,25501632	0,25486801	0,25471974	0,25457152	0,25442334
4	0,16604402	0,16589428	0,16574462	0,16559505	0,16544557
5	0,11476136	0,11461899	0,11447674	0,11433461	0,11419260
6	0,08223198	0,08210065	0,08196948	0,08183847	0,08170761
7	0,06032933	0,06021049	0,06009183	0,05997335	0,05985505
8	0,04498333	0,04487726	0,04477139	0,04466572	0,04456025
9	0,03392913	0,03383548	0,03374205	0,03364883	0,03355583
10	0,02580655	0,02572463	0,02564292	0,02556143	0,02548016
11	0,01975053	0,01967941	0,01960852	0,01953784	0,01946739
12	0,01518606	0,01512475	0,01506367	0,01500280	0,01494215
13	0,01171759	0,01166507	0,01161277	0,01156067	0,01150878
14	0,00906557	0,00902084	0,00897630	0,00893197	0,00888783
15	0,00702820	0,00699029	0,00695257	0,00691503	0,00687768
16	0,00545733	0,00542535	0,00539355	0,00536192	0,00533046
17	0,00424273	0,00421588	0,00418918	0,00416264	0,00413626
18	0,00330158	0,00327911	0,00325679	0,00323462	0,00321258
19	0,00257108	0,00255236	0,00253376	0,00251530	0,00249696
20	0,00200335	0,00198780	0,00197236	0,00195704	0,00194183
21	0,00156167	0,00154880	0,00153602	0,00152334	0,00151077
22	0,00121779	0,00120716	0,00119662	0,00118616	0,00117579
23	0,00094989	0,00094113	0,00093245	0,00092385	0,00091533
24	0,00074108	0,00073388	0,00072676	0,00071970	0,00071271
25	0,00057826	0,00057236	0,00056653	0,00056075	0,00055503
26	0,00045127	0,00044645	0,00044168	0,00043696	0,00043228
27	0,00035221	0,00034827	0,00034438	0,00034053	0,00033672
28	0,00027491	0,00027170	0,00026853	0,00026540	0,00026230
29	0,00021459	0,00021198	0,00020940	0,00020686	0,00020434
30	0,00016751	0,00016539	0,00016330	0,00016123	0,00015919
31	0,00013077	0,00012905	0,00012735	0,00012568	0,00012403
32	0,00010209	0,00010070	0,00009932	0,00009797	0,00009663
33	0,00007970	0,00007857	0,00007746	0,00007637	0,00007529
34	0,00006222	0,00006131	0,00006041	0,00005953	0,00005866
35	0,00004858	0,00004784	0,00004712	0,00004641	0,00004571
36	0,00003792	0,00003733	0,00003675	0,00003618	0,00003561
37	0,00002961	0,00002913	0,00002866	0,00002820	0,00002775
38	0,00002312	0,00002273	0,00002236	0,00002199	0,00002162
39	0,00001805	0,00001774	0,00001744	0,00001714	0,00001685
40	0,00001409	0,00001384	0,00001360	0,00001336	0,00001313

Zins	25,00	25,05	25,10	25,15	25,20
Jahre					
1	1,00000000	1,00000000	1,00000000	1,00000000	1,00000000
2	0,43782350	0,43770044	0,43757738	0,43745433	0,43733129
3	0,25427521	0,25412713	0,25397908	0,25383109	0,25368314
4	0,16529618	0,16514687	0,16499764	0,16484850	0,16469945
5	0,11405072	0,11390897	0,11376733	0,11362582	0,11348444
6	0,08157690	0,08144636	0,08131597	0,08118573	0,08105565
7	0,05973694	0,05961901	0,05950126	0,05938369	0,05926630
8	0,04445499	0,04434992	0,04424506	0,04414039	0,04403593
9	0,03346304	0,03337046	0,03327809	0,03318594	0,03309400
10	0,02539911	0,02531828	0,02523767	0,02515727	0,02507710
11	0,01939716	0,01932714	0,01925734	0,01918777	0,01911840
12	0,01488171	0,01482149	0,01476148	0,01470168	0,01464210
13	0,01145710	0,01140563	0,01135436	0,01130330	0,01125244
14	0,00884389	0,00880014	0,00875659	0,00871323	0,00867007
15	0,00684051	0,00680353	0,00676672	0,00673010	0,00669366
16	0,00529916	0,00526804	0,00523709	0,00520630	0,00517569
17	0,00411003	0,00408396	0,00405804	0,00403227	0,00400666
18	0,00319068	0,00316893	0,00314731	0,00312583	0,00310448
19	0,00247875	0,00246066	0,00244269	0,00242485	0,00240714
20	0,00192673	0,00191174	0,00189687	0,00188210	0,00186744
21	0,00149829	0,00148591	0,00147363	0,00146144	0,00144935
22	0,00116551	0,00115531	0,00114520	0,00113518	0,00112524
23	0,00090688	0,00089850	0,00089020	0,00088197	0,00087382
24	0,00070578	0,00069892	0,00069212	0,00068538	0,00067871
25	0,00054936	0,00054375	0,00053819	0,00053269	0,00052725
26	0,00042766	0,00042308	0,00041855	0,00041407	0,00040963
27	0,00033295	0,00032922	0,00032554	0,00032189	0,00031828
28	0,00025923	0,00025620	0,00025321	0,00025025	0,00024732
29	0,00020185	0,00019939	0,00019696	0,00019456	0,00019219
30	0,00015718	0,00015519	0,00015322	0,00015128	0,00014936
31	0,00012239	0,00012078	0,00011919	0,00011762	0,00011607
32	0,00009531	0,00009401	0,00009273	0,00009146	0,00009021
33	0,00007422	0,00007317	0,00007214	0,00007112	0,00007011
34	0,00005780	0,00005696	0,00005612	0,00005530	0,00005449
35	0,00004501	0,00004433	0,00004366	0,00004300	0,00004235
36	0,00003506	0,00003451	0,00003397	0,00003344	0,00003292
37	0,00002730	0,00002686	0,00002643	0,00002600	0,00002558
38	0,00002126	0,00002091	0,00002056	0,00002022	0,00001988
39	0,00001656	0,00001628	0,00001600	0,00001572	0,00001545
40	0,00001290	0,00001267	0,00001245	0,00001223	0,00001201

NOTIZEN

NOTIZEN

NOTIZEN

CPSIA information can be obtained
at www.ICGtesting.com
Printed in the USA
LVHW010803160621
690358LV00016B/3290